HF435651

SERGE DESCARD

LA SOCIETE HAITIENNE
à travers et en travers de sa
MUSIQUE POPULAIRE

DEXED

Graphisme : Tekin Orhan
Mise en page : DDL
Image : 123RF
© **Serge Descard 2021**
ISBN : 979-10-699-8427-1
Dépôt légal : Décembre. 2021

A la mémoire de ma mère Anne-Marie Descard

Te voici avec tes lumières liées derrière le dos
Tes chansons mises en joue les mains en l'air tel un ramassis d'assassins
Et les fers de la faim aux chevilles fatiguées de tes danses
René Depestre

Si tu veux juger des mœurs d'un peuple, écoute sa musique.
Confucius

AVANT PROPOS

Je nourrissais depuis un long moment déjà l'idée de rédiger un livre traitant des rapports de la population haïtienne avec sa musique populaire le konpadirèk et ses musiciens. Une musique, un rythme, qui, créé au milieu du siècle dernier, demeure le mal-aimé des arts à Haïti, et qui, comme pour la grande majorité de ma génération, a bercé mon enfance, sur lequel, adolescent, j'ai appris à danser et sont nées mes premières histoires d'amour. Toute ma vie, ce rythme ne m'a jamais quitté. Il m'a accompagné en terre étrangère, et est même devenu le centre de mes activités professionnelles.

Avec les vacarmes et les protestations de tous bords qu'ont soulevés la candidature et l'élection du chanteur Michel Martelly en deux mille onze, l'envie, comme un ultime devoir devenait pressante. Pour des raisons que vous n'aurez aucun mal à comprendre en lisant les pages qui suivent, j'ai préféré attendre la fin de son mandat présidentiel avant de commencer à écrire ce livre. Et durant tout le temps passé à sa rédaction, je me suis attaché à éviter deux embûches. La première aurait été de laisser croire aux lecteurs, et surtout aux générations futures, que ce livre viendrait en soutien ou au contraire constituerait un pavé contre la présidence de Michel Martelly. Elle n'apparaît que pour expliquer l'exceptionnel de la vie du musicien de konpadirèk, et éclairer entre autres sur les motivations et les tentations politiques de nombre de musiciens haïtiens. Et le deuxième écueil consisterait à présenter un énième livre racontant l'histoire et la petite histoire croustillante du konpadirèk ou des musiques haïtiennes, d'autant que déjà une multitude d'ouvrages, de publications numériques en tout genre, de documentaires filmés tendent à épuiser le sujet.

Dans ce livre s'appuyant en partie sur mon vécu dans le monde musical professionnel haïtien ou « HMI » (*Haitian Musical Industry*), comme il est couramment nommé de nos jours en Haïti, je présente une analyse des rapports existant entre les divers groupes sociaux et la musique locale. Je tente de saisir : les élans et les aversions que les hommes du pays montrent pour l'art, les artistes, les musiciens, ceux du konpadirèk en particulier. Je cherche à comprendre l'influence et l'emprise exercées par la musique, sur la population. Son utilisation par les uns et les autres. Je m'interroge sur la politique ou l'absence de politique culturelle durant ces soixante dernières années, voire plus.

En exposant clairement ma vision, en partageant mon analyse, en dévoilant mon opinion sur l'évolution générale de la musique dans le pays, la régression culturelle, les événements sociopolitiques englobant les musiciens, les contrevérités, les coïncidences, les amalgames, qui entourent la musique, je veux présenter des pistes de réflexion sérieuses, combattre des idées reçues, et éclairer les générations à venir… car je crois qu'il est du devoir de chaque génération d'hommes de léguer ses expériences à la prochaine, afin que se poursuive la grande marche de l'homme dans l'univers.

Je dois avouer qu'il s'agit aussi pour moi de structurer ma pensée et de tenter de trouver des réponses à quelques interrogations que mon expérience ne m'a pas apportées, et pour lesquelles, les critiques par ignorance ou complaisance, par convenance ou connivence n'ont jamais proposé d'explications claires et objectives. Estiment-ils que remonter aux racines, aux véritables causes des maux rongeant la musique haïtienne, comme le pays d'ailleurs, constitue un exercice tabou ? Moi, je crois qu'il est une nécessité.

Qu'est-ce qui explique la condition du musicien à Haïti, plus particulièrement celle du musicien de konpadirèk ? Comment expliquer l'ambiguïté inscrite telle une règle tacite dans les rapports que l'auditeur, le mélomane haïtien dans ses diverses strates, entretient avec les créateurs de musique ?

J'ai compté donc sur la distance et la réflexion que me procure le temps de l'écriture pour m'éclairer sur ces questions. Et j'espère par cette réflexion libre de toutes contraintes parvenir à expliquer les crises régulières que traverse le konpadirèk, à déterminer les agents pathogènes provoquant sa faiblesse chronique, les raisons fondamentales de son incapacité à assurer une vie convenable aux musiciens qui s'acharnent à le pratiquer.

Et si, en même temps, cette approche de la musique populaire qui coule du cœur et de l'âme de l'Haïtien agençant les sons les plus mélodieux de la vie, les bruits intempestifs des catastrophes et le goût amer de la misère me permettait de saisir la teneur de ce silence constituant l'autre face de la vie haïtienne et dont je ne saurais dire s'il agit de la résignation, de la pudeur, de la méditation…

ET NOUS VOYONS
LES PROFONDEURS DE NOS FAILLES

La terre comme le cœur des hommes du pays est cabossée, fissurée. Léogâne, petite ville au sud de la capitale, connue pour son formidable et inoxydable carnaval des *rara*, voit naître spontanément des crevasses, des fossés partout dans ses plaines. Port-au-Prince, la capitale, est déchirée de part et d'autre, elle n'abrite plus que des bâtiments détruits et des tas de pierres cassés en des milliers de morceaux, et de la poussière. De nouvelles ravines, témoins des failles profondes dans la croûte terrestre, se sont formées, prolongeant ou élargissant, celles déjà existantes.

Il est toujours dit de la capitale qu'elle est une ville en porcelaine. Les Haïtiens la connaissaient donc comme une ville fragile. Mais, ils disent aussi qu'elle est bénie et tellement remplie d'esprits, qu'elle laisse croire qu'elle est invulnérable.

Port-au-Prince s'est effondrée. Haïti est touchée en plein cœur, au plus profond d'elle-même. Elle a les membres brisés, le corps en lambeaux, la tête fracassée par le séisme qui, comme s'il respectait nos traditions du Nouvel An, s'est invité au salon du pays pour lui présenter ses vœux de malheur pour l'année deux mille dix.

La ville en tremble encore. D'ailleurs, vingt ou cent ans plus tard, elle n'oubliera pas ce visiteur impromptu qui s'est glissé dans le salon familial, aux moments de nos respectueux échanges de cordialités. Le pays tout entier mettra longtemps à conjurer ses vœux incongrus arrivés comme une gifle magistrale qui étourdit instantanément. Il n'oubliera pas, car les hommes et la terre ont bougé dénudant tout et partout. Plus rien ne drape sa désolation.

Plus rien ne cache sa misère. Plus rien ne sera comme avant.

Novembre deux mille onze. Un peu plus d'un an plus tard, les blessures demeurent béantes dans la terre et dans les têtes, dans les ruelles et dans les os, dans les maisons et dans les chairs. De la puanteur remonte des décombres des maisons effondrées et des monts d'immondices qui s'entassent partout dans les rues de la capitale et de ses alentours. L'air, qui plane sur la ville, déchire les narines et les poumons. Tout est irrespirable, nauséabond : l'air, la société, la politique…

À la campagne, dans l'eau bleuâtre, jadis claire et fraîche des rivières, pullulent des germes pathogènes rapportés par les bottes souillées des régiments de bataillons armés de la MINUSTAH, sigle des bataillons de l'Organisation des Nations Unies à Haïti. Ils font des ravages dans les entrailles des hommes, des femmes et des enfants.

Devant les bâtiments publics effondrés, aux pieds des héros de la Place de l'Indépendance, les bâches des tentes, servant d'abri provisoire et indéterminé aux sinistrés, colorent le paysage de la ville d'un bleu qui n'est ni celui du ciel que les victimes implorent, ni celui de la mer qui les appelle au large. Elles vont servir de toile de fond dans le décor de scène du théâtre de l'élection présidentielle qui se déroulera sous l'œil aiguisé de la MINUSTAH, qui va amener au Palais National, du moins à ce qu'il en reste, M. Michel Joseph Martelly pour gouverner le pays durant cinq belles années.

Il est plus connu sous le sobriquet de Micky, leader du groupe musical éponyme « Sweet Micky ». Un groupe de konpadirèk, qui, depuis plus d'une vingtaine d'années, crée la sensation parmi les Haïtiens vivant à l'intérieur du pays, comme ceux résidant à l'extérieur, dans la diaspora. Un groupe qui défraie la chronique tant par sa production musicale que par les frasques de son chanteur maestro, en l'occurrence Michel Joseph Martelly lui-même.

L'élection présidentielle de l'année deux mille onze, a été la huitième après la chute de la dictature survenue un peu plus de vingt ans auparavant, en mille neuf cent quatre-vingt-six. Une date considérée dans le pays comme étant celle d'une deuxième indépendance et qui devait apporter une suppléance, un correctif, partout où la première avait failli. Elle s'est déroulée tel un feuilleton à suspens. Haïti oblige, elle était riche en rebondissements comme une grande production hollywoodienne et demeure riche en énigmes qui ne seront peut-être jamais résolues et qui diviseront sûrement les historiens qui se pencheront sur la question dans le futur.

Tout a commencé par l'annonce de la candidature du chanteur Michel Martelly, arrivée comme sortie d'une pochette-surprise, comme un gag. Elle vient peu de temps après celle de son grand ami Wyclef Jean, lui aussi musicien, mais jouissant en plus d'une aura internationale. Deux candidatures spontanées, jumelles ou siamoises, de deux musiciens nullement reconnus comme des artistes engagés. Elles vont semer le trouble pendant un long moment dans les rangs des politiciens et changer radicalement la teneur de la politique en Haïti.

Les journalistes-enquêteurs ont poussé leurs investigations jusqu'aux premières échographies et sont remontés à la conception même de ces candidatures. Mais ils n'ont pas pu déterminer s'il s'agissait de fécondation in vitro ou de hasard de la nature. Ils n'ont pas su conclure non plus s'il s'agissait de gestation à courte durée chez les uns ou de déni de grossesse chez les autres, de trahison et/ou de tentative par l'un de prendre l'autre de vitesse. Mais il semble bien que dans la tête d'une nouvelle bourgeoisie non considérée de souche, se cantonnant dans les basses hauteurs de la capitale à s'amuser et à griller quelques billets verts et quelques feux rouges, ait germé l'idée de prendre les gouvernails du bateau haïtien. Et cette idée a dû trouver un terreau fertile pour fleurir et s'épanouir de façon rapide et abondante.

Wyclef Jean et Michel Martelly, deux très bons amis, appartiennent au groupe de musiciens le plus populaire du pays. Ils apparaissaient souvent ensemble dans des réalisations artistiques ou dans les coulisses des lieux de spectacles du monde entier, ou encore chevauchant des véhicules tout-terrain nerveux et rutilants dans les rues plus ou moins entretenues de Pétion-ville, une des banlieues aisées de la capitale. Wyclef a tout pour lui, rappeur américain, vedette à succès incontestable, il est connu dans le monde entier. Il est millionnaire avec les *royalties* qu'il touche régulièrement de ses nombreux succès musicaux réalisés avec son groupe de rap les Fugees, ou en solo, ou encore en collaboration avec de nombreux autres artistes internationalement connus telle la reine sud-américaine du déhanchement : Shakira. Né en Haïti, il a quitté le pays très tôt et a grandi dans les grandes villes américaines, mais il se veut encore et toujours Haïtien. Il parle un haïtien approximatif avec un fort accent américain. C'est le must en Haïti ! On atteint le paroxysme.

M. Jean, à travers sa fondation Yélé Haïti, est déjà très actif dans le spectacle caritatif. L'annonce de son intention de se porter candidat à l'élection présidentielle en Haïti a, identiquement à ses hits, provoqué une euphorie chez les jeunes comme chez les personnes âgées, depuis les quartiers de Port-au-Prince jusque dans les communautés haïtiennes à l'étranger. L'idée de voir un enfant de la diaspora, un homme « d'un autre niveau » pour reprendre une expression à la mode, c'est-à-dire d'un niveau très supérieur, prendre la gouvernance de l'Etat, est perçue par la population, comme la venue enfin du messie. Peu importe s'il possède les compétences politiques et administratives nécessaires, il est ressenti comme l'homme de la situation. Il aurait été capable de reproduire, au niveau d'Haïti, ce qu'il a réalisé avec son groupe musical au niveau international : hisser le pays sur les toits du monde.

Ainsi pensent tous les jeunes des quartiers surpeuplés des parties basses de la capitale. Déjà ils exécutent leurs danses acrobatiques : *breakdance* et *laloz*, pour évacuer les tensions que provoque la bonne et merveilleuse nouvelle. L'effervescence est telle que l'écho retentit dans les rédactions des journaux des grandes villes du monde, par le biais des agences de presse.

Pourtant, dans les beaux quartiers de la ville où Wyclef a ses habitudes, personne ne voit d'un bon œil son immersion dans les affaires. Ils expriment leur mécontentement et leur désapprobation en opposant un silence strict aux cris de joie qui montent du bas de la ville. Ils froncent les sourcils et prennent déjà de la distance, avec l'artiste et l'homme.

Que les jeunes représentent la grande majorité dans le pays, n'est point un secret pour personne. Les *bredjenn* comme on les appelle, vivent à la mode américaine ou jamaïcaine et sont en quête d'occupation et de direction. S'ils nourrissent trop longtemps l'espoir de porter le chanteur américano-haïtien au pouvoir, ils risquent de le transformer en but ultime de leur vie. Et plus rien ne les arrêtera, même pas la MINUSTAH. Devant une telle ferveur populaire soulevée par le rappeur, les maîtres du jeu rompus à l'exercice des élections aux résultats pour le moins orientés, comprennent la nécessité d'agir sans délai avant que la situation ne dégénère et ne devienne incontrôlable.

Et pour éviter enterrements et manifestations, martyres et pèlerinages, ils programment subito un avortement politique de la candidature de Wyclef. Par la voix du Conseil Électoral Provisoire (CEP), ils décernent un carton rouge au rappeur candidat et le sortent du jeu. Il a reçu son livret de notes, comme on dit, avec la mention : « non admis ». Du coup il ne restait plus à l'auteur de « *Someone please call 911* » qu'à se lamenter sur sa guitare et pleurer sa mésaventure devant sa webcam, montrant sa peine sur les réseaux sociaux. Et l'artiste a tellement de métier et de talent qu'il aurait pu en créer un tube propre à devenir le chant de guerre des millions de jeunes désœuvrés et affamés du pays !

Michel Martelly lui, n'étant même pas considéré comme un outsider, passe sans encombre la barrière filtrante du CEP et rentre sur la piste électorale pour prendre le départ de la course.

Les scénaristes de la politique du pays, pensaient-ils qu'il manquait un vrai comédien sur la scène politique haïtienne ? Ou ressentaient-ils le besoin d'un figurant supplémentaire pour parfaire le spectacle, le scénario du film électoral ? L'évidence est qu'ils s'attendaient que Michel Martelly se déguise, comme dans ses clips, anime le spectacle et amuse follement la galerie, pendant qu'ils règlent les choses sérieuses en coulisses.

Ils ont déjà tant de fois répété le scénario de l'élection présidentielle avec tant d'acteurs différents, qu'ils sont devenus docteurs en la matière. Ils connaissent toutes les ficelles et peuvent modifier n'importe quel tableau, à n'importe quel moment, même pendant l'exécution de la pièce, et sans que les spectateurs s'en aperçoivent ! Avec eux, la scène finale est toujours en cours d'écriture ou de réécriture. Dans le pire des cas, pensaient-ils, Michel Martelly ne réaliserait qu'un score insignifiant. Qui est-il pour croire qu'il puisse modifier littéralement le scénario, tout détourner en sa faveur et terminer en héros de la pièce ? Après tout, qui est Michel Martelly ?

Rien de plus qu'un chanteur de konpadirèk, un musicien à la mode.

Goudou-goudou.

Le curseur a été poussé très haut sur l'échelle de Richter. Goudou-goudou, le grand diable des profondeurs, le danseur sans os qui s'agite, qui ondule en cadences arythmiques, vient d'exécuter un mouvement inattendu dans sa danse, et tout a bougé sous ses coups de reins. Goudou-goudou, le musicien infernal qui improvise ses notes saturées hors de portée dans des sphères infra et supra a joué une note qui n'est qu'un grognement sourd avec moult réverbérations et répliques. Un grondement, un bruit blanc en glissando, avec un vibrato ahurissant qui casse cristal, porcelaine, béton, coffres thoraciques et boîtes crâniennes.

Vibrant dans des fréquences extrêmes, ce bruit a tout dévasté. Tout devient brouhaha, cacophonie et tumulte. Le bon rythme de nos tambours est saccagé, et la belle chanson haïtienne qui, malgré toutes nos fautes d'interprétation dans l'exécution de la partition vitale, n'avait jamais été abîmée et n'avait rien perdu de sa grâce, s'est transformée en un charivari. Ici et là, éclatent des pleurs, des bruits d'esprits en fuite ; et dans le silence qui suit, bruissent des craquements humains, des chutes lourdes d'âmes…

En un bref instant, un comma, Haïti est tombée dans un coma profond qui l'a rendue inerte, indifférente, sourde à sa propre musique. Et les hommes, et les femmes, et les arbres, et les vents ont perdu la voix et l'enchantement. Tout s'est tu. Jusqu'aux soupirs, jusqu'aux faibles gémissements dans les creux inaccessibles des ruines.

La chanson naturelle de la terre d'Haïti a marqué un silence qui n'était inscrit que sur la partition magistrale du maestro. Interrompu brusquement et violemment, l'orchestre a laissé échapper des notes stridentes, fortissimo, qui ont réveillé dans les mémoires les souvenirs d'un événement similaire : l'effondrement d'un palais qui affichait des portes par centaines, ouvertes à tout vent, jadis, joyau de la Couronne du Nord.

Goudou-goudou secoue, réveille, trouble, fracasse, baise et endort à tout jamais.

Il est venu des profondeurs, des entrailles, des tripes du globe. Il a pénétré les cœurs, traversé les esprits, assommé les vivants, réveillé les morts, donné corps aux fantômes. Il est monté flirter avec les sommets puis s'est échappé au-delà des horizons, voguant ailleurs vers des étoiles inconnues. Cherchait-il à parler aux âmes lointaines, ayant rêvé et rêvant encore d'une belle terre haïtienne ? Cherchait-il à conscientiser les esprits qui manipulent, vendent, pillent, et tuent… ? Cherchait-il à ouvrir les yeux et attirer les regards ?

Malgré tout son pouvoir dévastateur, le séisme n'a pas réussi à annihiler l'espoir dans la chanson et la poésie haïtienne. Il n'a pas réussi à ternir l'éclat du rire haïtien. Dans le bruit de tonnerre comme dans le silence qui a suivi, l'Haïtien, artiste dans l'âme, recrée, avec les débris de lui-même, la chanson de l'espoir et féconde sa culture sans se soucier de récompense ou de gloire. Et telle une méditation transcendantale, il invite tout le monde, toute la terre à vocaliser l'onomatopée expiatrice : Goudou-goudou, en l'insérant au ronronnement plaintif naturel de la capitale, des villes et des campagnes du pays.

Nous la prononçons presque toujours avec un léger sourire pudique pour masquer toute la gêne de nos misères insoutenables et interminables. Un sourire qui brille au milieu de nos décombres comme une pépite de dignité qu'il revient à tout homme de garder et que l'homme haïtien refuse de perdre. Subtile réverbération de notre âme combattante, aujourd'hui notre sourire est notre Vertières et notre Citadelle que rien, ni la dictature, ni le chaos, ni les armes, ni les tremblements de terre ne pourront nous enlever.

Nous rirons encore et toujours plus fort que des centaines de millions de cors qui jouent pour annoncer la haine de l'autre, la mort de l'humanité dans le cœur des hommes. Nous rirons toujours plus fort pour exprimer notre amour de la vie, notre détermination d'être les hommes libres et fiers que nous sommes. Nous opposerons en tout temps nos sourires narquois et nos chants épiques aux colons anthropophages, aux rapaces sanguinaires qui veulent s'abreuver de notre sang, aux charognards qui se battent pour déchiqueter nos corps. Nous déploierons toujours des forces supérieures pour expulser, du tréfonds de notre être, nos sourires étincelants et nos rires éclatants aux ondes éternelles.

Les hommes et les femmes de la terre d'Haïti possèdent la science et l'art de transformer les cris d'effroi en musique, l'esclavage en liberté, l'abandon en ferveur, la misère en dynamisme. Et ils l'ont encore montré, en décelant dans le vrombissement de la terre mouvante, dans le bruit d'enfer des frottements des plaques tectoniques flottantes, une note chaude, belle et profonde, comme venant d'un bambou, d'un violoncelle, ou d'un fluide roulement de baguette sur le grand tambour appelé mère des tambours.

Ainsi, en un ronronnement sensible, authentique, proche du *ounouvounou* (messe basse) récurrent a été transmué le tremblement de terre dévastateur, exhortant la vie à reprendre très vite le dessus. Il est devenu un jingle composé de notes majeures et fondamentales, plus basses, plus chaudes et plus profondes encore que les failles du globe. Il est devenu un refrain plus beau que celui de ces chœurs sans âme qui ont chanté et dansé sur nos morts sur les scènes des grandes capitales du monde, et ont été applaudis par des néo-colons qui nous redécouvrent existants, étonnés même de nous voir encore existants. Toujours existants.

Qu'aucun n'oublie que, de toute la terre, jamais on n'a autant chanté une nation, un pays, une île. Personne ne doit oublier que tant d'artistes, de Joséphine Baker à Raphaël, en passant par nos biens connus artistes haïtiens : Raoul Guillaume, Guy Durosier, Émeline Michel, et nos grands groupes de musique populaire : Septentrional, Tabou Combo, Skah-Shah, Sweet Micky et tous ceux moins connus et tellement nombreux, ont chanté l'amour, la beauté, la douceur et la gloire de l'île d'Haïti.

Mais comment Haïti arrive-t-elle à chanter encore ?

Comment l'île arrive-t-elle à chanter encore quand sa capitale est éparpillée en mille morceaux ? Quand les constructions et les hommes sont réduits à l'état de gravats ? Un instant, ses fils ont oublié que la carte postale, qui pour une fois s'accorde parfaitement avec la réalité, a longtemps présenté l'île comme une terre d'artistes avec une langue rythmée et imagée où la création est plus que florissante, de tous temps.

En effet, l'art est omniprésent sur l'île. Comme si l'art était inscrit dans les gènes de la majorité des habitants, l'esprit créateur flotte partout dans l'air. Le pays est une manifestation vivante et permanente d'art. Poètes, peintres, sculpteurs, danseurs, maquettistes, comédiens, musiciens se rencontrent à tous les coins de rue. Partout où l'on se retrouve dans le pays, on ressent la ferveur, on respire l'éther de l'exaltation artistique. Tout est au service de l'expression artistique. Tout sert de prétexte à l'art. Les musiques s'échappent des transports en commun, des chantiers, et des maisons pour atteindre le passant dans la rue. Les murs des bâtiments publics et des maisons privées sont peints aux couleurs vives, ou recouverts de fresques. Tout comme les *tap-tap*, (minibus) qui, contre quelques gourdes (monnaie locale), transportent les usagers du centre de la capitale vers les localités avoisinantes, sont tous habillés de véritables bandes dessinées, de fresques... Les tonneaux de mazout vides sont récupérés, découpés et transformés en objets d'art. Les marchands et marchandes proposent leurs produits en chantant, même les ordonnateurs des pompes funèbres portent les cercueils en cadence sur des chants et rythmes appropriés. Comme si la musique, la danse, la peinture, la sculpture... constituaient des produits de première nécessité pour l'Haïtien, un besoin intrinsèque. Parfois même, il est possible de croire que l'art, en particulier la musique et la danse sont les premières préoccupations de l'Haïtien, quand il les utilise pour tordre le cou au désœuvrement, à la faim, aux catastrophes... Quand il les emploie pour se relever des situations les plus difficiles de la vie.

L'art agresse sans heurt et sans cesse, les sens de quiconque posant les pieds sur la portion de terre qu'est Haïti. Les musiques et les danses cohabitent, s'entrechoquent, s'influencent au gré des générations et des interactions entre les zones géographiques et les flux migratoires. Le *calenda*, le *twoubadou*, tous les types de *mereng*, la chanson populaire, le konpadirèk, les dizaines de rythmes vaudous et profanes qui forment le corpus de la musique folklorique et tous les autres styles remodelés ou importés que l'on peut écouter actuellement en Haïti, attestent de la fibre créative et de l'intérêt démesuré que le peuple porte à l'art et à la musique en particulier.

À défaut de pouvoir mystifier la musique, l'île mystérieuse semble l'employer comme catalyseur de survie. Elle a multiplié les rythmes, les styles, les formes et les genres. Elle les a développés dans l'espace et le temps, dans les champs et les cœurs. Entre les coups d'État, les manipulations sociales et le dénuement culturel, la musique naît de l'âme haïtienne et grandit en dévorant le cœur des artistes dont elle laisse le corps las sur le bitume, tel celui d'un maudit, d'un paria.

Alors si la musique dévore ainsi le cœur et le corps des musiciens, notre Haïti chérie chantera-t-elle encore demain ?

Malgré l'énorme potentialité, les voix de nos artistes se perdent dans le vent, et la chanson d'Haïti se meurt inexorablement emportant avec elle les artistes et leur mémoire. Il semble bien que quelque chose soit déjà mort dans la chanson d'Haïti, car de nos jours, Haïti la mystérieuse ne semble plus faire le distinguo entre ses chants et ses pleurs, entre ses danses et ses fuites à toutes jambes. Elle ne semble plus savoir où se situe le bruit et d'où vient la musique. Elle ne sait plus la place du rêve, et celle de la réalité quand les personnages fantastiques des contes, Tezin,

Lasirèn et les autres, sentant peut-être le danger, sortent des forêts, remontent du fond des rivières et des mers, franchissent la frontière des mondes pour intégrer la réalité et redonner la voix à notre chant où nous perdions souffle. Par leur magie et leur fantaisie, peut-être sauront-ils lui rendre sa beauté et sa douceur légendaires ! Sauront-ils le remixer avec les cris de douleur, les silences des résignés, les discours des infatigables ténors de la politique, les bruits des bottes des soldats des puissances du monde, les vibrations du sous-sol, la bonne parole des conteurs d'au-delà et les élucubrations des petits dieux de Port-au-Prince ?

Dans l'hypothèse d'une réponse positive, il restera encore à notre esprit critique de trouver dans le remix nous bricolant une nouvelle musique haïtienne troublante et pathétique, la part du rire et le lot de moqueries, et dans une nouvelle danse que nous devrons inventer, différencier l'étonnement et la consternation. Car comme dans ses fameux contes, ses histoires à dormir debout, Haïti dure d'oreille, mais grande mélomane devant l'Éternel, a osé confier son destin à l'un de ses fils musiciens, avec sûrement la mission secrète d'harmoniser et de rythmer ses gémissements, ses plaintes et ses chants. Peut-être veut-elle éprouver l'amour témoigné dans les musiques distillées par les voix et les instruments de toutes sortes. Ou cherche-t-elle à renvoyer aux chansons d'amour de ses fils un réel écho à travers ses montagnes et dans ses vallées, mais surtout dans le cœur des hommes d'Haïti et d'ailleurs.

Quelle danse, dansons-nous ? Carrée, ronde, ovale... ?
D'aucuns diraient qu'importe !

La surprise était totale. Personne ne l'a vu venir malgré sa chemise rose bonbon. Lui-même, le principal concerné, l'instigateur du mouvement était surpris du tournant et encore plus du dénouement de l'élection. Tout s'est passé tel qu'avec une candidature comique, une plaisanterie, le peuple l'a sérieusement élu président.

Le CEP a annoncé les résultats du premier tour des élections. M. Martelly arrivant en troisième position est donc éliminé. Il ne peut pas participer au second tour. Mais des manifestations populaires contestant les résultats de l'élection sont organisées en sa faveur par ses partisans. Alors un rebondissement improbable, comme un tour de magie dont seuls les politiciens haïtiens connaissent le secret et ont l'audace de la réalisation, s'est produit dans le déroulement électoral. Fait incroyable, le Conseil Électoral après un énième décompte, revient sur sa décision et annonce que Michel Joseph Martelly est arrivé finalement en tête du premier tour ! Il affrontera au second tour l'universitaire, figure bien connue de l'intelligentsia et de la politique haïtienne, Mme. Mirlande Manigat. Et face à elle, il gagnera l'élection avec une marge confortable, indécente même.

Danse, et cri de joie d'un côté ; honte et stupeur de l'autre. Oui, beaucoup dansaient à côté de leurs tentes, pendant que d'autres brûlaient publiquement leurs passeports haïtiens. Certains auraient voulu couper la tête de la démocratie, d'autres, tout en murmurant qu'une main puissante et invisible a pianoté sur la calculette qui comptait les votes, maudissaient le peuple haïtien. Avouons-le, il a fallu énormément d'audace au CEP, sûrement plus que du culot pour proclamer de tels résultats.

Mais peu importe ! Peu importe même comment tout s'est vraiment passé ! Encore une fois à Haïti l'improbable vient d'être réalisé, un musicien donnant dans la musique populaire : le konpa, est élu à la tête de la République d'Haïti. L'événement est loin d'être anodin.

Certains soutiennent que, par prudence et pragmatisme, des forces visibles et invisibles agissant à l'intérieur et à l'extérieur du territoire, ont soutenu bien fermement la volonté majoritaire d'un peuple qui chante et danse, sourire aux lèvres et machette en main. Les maîtres du jeu, face à la détermination du peuple acculé, le dos au mur de la misère et de la mort, ont été contraints de faire au moins semblant de jouer le jeu des élections. Même s'il est possible, sur un plan purement démocratique, de contester l'élection de deux mille onze, il convient de reconnaître qu'il ne s'agit point d'un coup d'État, et qu'elle a, pour le moins, commencé par un semblant passage aux urnes.

Depuis la chute de la dictature, le schéma se répète quasi à l'identique. Il est même devenu classique : manifestations, élections ; manifestations, résultats. Après trois décennies de duvaliérisme où l'opposition était muselée à l'intérieur ou éparpillée en exil, l'expression politique et le jeu démocratique étaient certes à construire.

Le peuple, majoritairement jeune, est entré sans apprentissage ni guide, dans la ronde de la démocratie que lui racontent, comme une histoire merveilleuse, les diseurs de bonne aventure parcourant la planète. Et croyant tenir enfin le bon bout de la vie, il y place toute sa confiance, sans chercher à créer les structures et les institutions nécessaires au fonctionnement de la démocratie adaptée à la réalité haïtienne. Il la voit comme nos ancêtres voyaient la conquête de la liberté. Quand il dépose un bulletin de vote dans une urne, il s'agit pour lui d'un pari où il joue, non pas sa chemise de Siam bleu ou son t-shirt L. A. University, mais plutôt son avenir, sa vie. Ainsi s'expliquent : son implication totale et virile, ses cris, ses danses exaltantes, sa fougue, sa rage, ses manifestations violentes contre les tricheries et les malhonnêtetés dans le jeu démocratique. Ainsi s'expliquent aussi ses choix en zigzag, les uns aux antipodes des autres : Namphy, Aristide, Martelly : un général, un prêtre, un musicien, plébiscité chacun à son tour, à la tête de la nation. Des choix déroutants, qui laissent croire qu'il ne sait pas ou plus sur quel pied danser.

Égarement ou maladresse d'un peuple transformant les locaux du Palais National en un grand laboratoire, où il se livre à des expérimentations, à des manipulations hasardeuses, à la recherche de la bonne formule qui lui permettra de vivre dignement. Mais au fond dans le jeu trouble de la politique haïtienne nul ne peut dire en réalité qui mène la danse. Le peuple est-il le manipulateur ou le manipulé ? Allant dans tous les sens, défilant ici et là, un élément imprévisible, un peu mystérieux, s'est glissé sous ses pas. Et il a tant modifié sa danse, que plus personne n'est sûr de sa forme. Parfois, elle a l'air bien ronde, tracée au compas, d'autres fois, elle est carrée, mais trop souvent bancale, comme si l'important pour le peuple était seulement de participer à la danse.

Sur la fin des années cinquante, le pays était déjà dans une recherche chorégraphique. Les Haïtiens recherchaient une nouvelle danse ayant la capacité non seulement de rivaliser avec celles venues d'ailleurs, mais apportant aussi un mouvement d'ensemble parmi les millions de danseurs et danseuses du pays. Sur la couverture d'un disque de l'orchestre de Nemours Jean Baptiste paru en mille neuf cent cinquante-neuf, il était donné à lire que « la danse carrée a conquis totalement Haïti… » L'auteur n'a malheureusement pas précisé, de quelles formes de danse précédaient celle-ci, mais celle de Nemours a réussi un tour de force social et culturel, car en peu de temps, elle a gagné tout le pays. Et voyons-nous que même avec un président, un ex musicien professionnel, il se révèle extrêmement difficile, voire impossible à trouver la bonne chorégraphie pour que le pays tourne, et la bonne musique pour que le peuple chante.

Aujourd'hui quand tous ces bruits, ces cris, ces slogans politiques se mélangent à la musique haïtienne nous ne savons plus quelle forme doit épouser notre danse. Quand l'élite du pays valse avec le maître et nous demande d'en faire autant, nous perdons notre tempo. Nous ne savons plus mener la danse collée serrée, quand la liberté refuse la rime avec l'égalité. Quand le professeur ne croit plus au pouvoir de l'esprit et va se fourvoyer dans des bras armés, quand Saint-Jacques peut être le dieu *Ogöun*, et inversement, nous ne savons pas sur quel pied il convient de danser.

Grand bambocheur, talentueux danseur devant l'Éternel, l'Haïtien s'est sûrement pris le pied dans le tapis tissé du fil de nos trop nombreuses contradictions. Il s'est retrouvé à genoux sur le bitume, dans l'impossibilité d'exécuter ses magistraux pas de danse. Et quand la terre tremble sous ses pieds, et que le ciel lui tombe en ouragan sur la tête, l'obligeant à courir dans tous les sens et à improviser dans la peur, lui, mélomane aguerri, danseur étoile du vaudou, se demande sans doute où est passée sa belle musique ? À quel chef d'orchestre doit-il confier la baguette ?

MAIS LA MUSIQUE EST OMNIPRÉSENTE

Dans les cœurs et dans les têtes haïtiennes sûrement un peu plus que chez les autres peuples, la musique est toujours présente. Elle est souvent anodine, banale ; mais toujours incorporée dans une perspective qui la rend indispensable. Elle a longtemps été, et reste aujourd'hui encore un média, un médium, un tremplin, un catalyseur… Et tout est prétexte pour un chant, une danse qui donne du rythme à la vie. Haïti vit réellement en musique, elle a besoin d'un dirigeant qui connaît la partition que le peuple chante en secret dans son cœur, celle que tout monde chante en chœur.

Depuis les murmures mélodiques et les complaintes, rythmés par les vagues et les houles dans les cales des navires jusqu'aux chants épiques à pleine gorge des troupes marchant vers l'indépendance ; depuis le signal du lambi appelant au rassemblement jusqu'aux rythmes carnavalesques où défilent l'ignorance, l'oubli et l'insouciance, la musique ne lâche jamais l'Haïtien d'une semelle. Elle est toujours au cœur de ses conquêtes et de ses déboires.

Elle est partout et elle rythme tout : le travail, le repos, la guerre, la paix, la mort, la naissance, l'étonnement, la volupté, la tristesse, le bonheur… Une âme d'artiste, une langue rythmée et imagée, au service d'une création toujours florissante : ainsi parle-t-on de notre coin d'île dans les sphères cultivées de tous les pays du monde. Souvent, les connaisseurs résument Haïti à une terre d'artistes, non seulement par rapport au grand nombre de peintres qu'elle produit, mais aussi à cause des musiciens qu'on croise partout dans le pays.

Il est certain que nous ne percevons pas la musique comme un élément extérieur, mais plutôt en tant que part de nous-mêmes, de notre chair, de notre esprit, dépassant quelques fois même la dimension humaine. Chaque note résonne en nous. Chaque mélodie entonnée à la voix ou à la flûte nous transporte. Chaque mot chanté nous parle. Chaque rythme engagé par les percussionnistes vibre en nous. La musique représente pour nous beaucoup plus qu'une pression acoustique, ou une simple suite de variation d'ondes. Elle est un élément vivant qui entre en interaction avec notre être, et touche notre âme pour changer totalement notre état. Il arrive que l'espace d'une musique, que des Haïtiens se transforment littéralement. La musique nous prend systématiquement par la main et par les tripes, par le cœur et par l'esprit pour nous emmener dans des ailleurs où la danse qu'elle inspire mêle la sueur et le sang, l'ivresse et la dextérité, les hommes et les divinités.

La musique a le pouvoir de toucher en nous des profondeurs insoupçonnées. Elle sait nous parler de l'instant présent ou futur, nous transmettre des messages d'ici et d'ailleurs. Et nous l'utilisons comme un substrat pour nos idées, nos croyances et nos rêves. Souvent pour interpeller un interlocuteur, l'Haïtien, en lieu et place d'un conseil, d'un proverbe, entonne un refrain. Toutes les sortes de messages et d'avertissements, nombre d'informations et de leçons philosophiques sont transmises à travers nos chants traditionnels et modernes. La sagesse populaire se vit presque exclusivement à travers la musique qu'elle soit à caractère purement religieux, ou non, qu'elle soit folklorique ou moderne.

Plus généralement, la musique tout en étant un langage à part entière, participe à la construction mélodique et rythmique des langues. La musique et la langue d'un peuple s'influencent l'une l'autre et sont inextricablement liées. À la fois pression acoustique et éléments symboliques, elles traduisent dans toutes leurs subtilités, les sentiments, les pensées et les émotions des hommes. L'apport de la langue à la musique d'un groupe humain est fondamental, car l'accent constitue, avant tout, la trame rythmique souvent inconsciente, dans l'expression du musicien et dans le style de ses exécutions et aussi dans la perception et la traduction de l'auditeur. Selon sa culture, la perception d'une même mélodie et d'un même rythme peut s'avérer totalement différente, quand un auditeur entend une mesure 5/4, un autre peut percevoir une mesure 4/4. Cette situation est fréquente dans les rencontres entre musiciens de cultures différentes.

Dans l'autre sens, la musique donne la couleur, l'accent à la langue. Nous, nous utilisons la musique comme le moteur de notre langue ; en haïtien le ton fait fidèlement la chanson. Les homonymes sont légion, et leurs sens peuvent catégoriquement s'opposer. Pour certaines expressions ou tournures de la langue, il n'est possible de saisir le sens, ni par la phonétique ni par la grammaire. Elles ne peuvent être comprises que par la tonalité, la position de l'accent. Tout le sens est dans le phrasé. La petite musique qui apporte au mot ou à l'expression la forme et le fond, permettant à l'interlocuteur de saisir le sens dans lequel il est employé. Prenons deux exemples : le mot « *Anmwey !* » peut signifier un appel au secours, un cri d'effroi ; mais aussi un état de joie, de grande satisfaction, ou encore un trait d'ironie. La phrase « *Teke l' teke-l'*» est de sens différent de « *Teke-l', teke-l'*». L'une voulant dire : qu'il l'a juste effleuré ; tandis que l'autre est le même ordre dicté deux fois de suite, devant se traduire par la forme impérative : « Touche-le ! Touche-le ! » L'oreille haïtienne percevra tout de suite la subtilité et la différence entre les deux phrases. Une oreille non entraînée, risque de ne pas saisir la nuance, et n'entendre à chaque fois qu'une répétition.

Mais bien que son intrication dans la langue et son utilité dans la vie haïtienne soient reconnues par tous, la musique reste un accessoire dans le pays, une décoration pour la galerie, au point que des musiciens soient obligés de se produire dans des lieux improbables et dans des conditions inacceptables.

Si aujourd'hui le peuple haïtien choisit de se laisser guider par ses fils-musiciens, s'il les élit maires, députés, sénateurs, président, il se pourrait qu'il souhaite que le pouvoir musical soit enfin effectif dans le pays. Afin peut-être qu'il lui apporte non seulement le rythme, les impulsions dont son esprit et son corps ont besoin, mais aussi, sa force d'entraînement pour tirer chaque membre de la société vers plus d'humanisme, son grand pouvoir de transformation pour changer les rapports entre les divers composants de la société.

LES MUSIQUES - LES RYTHMES - LES DANSES

Pour bien aborder le terme de musique populaire en Haïti, dont le konpadirèk est le pilier central, il faut de prime abord classer les genres, préciser les styles, émettre certaines réserves, tant l'expression de musique populaire, englobe plusieurs styles, formes et genres de musique. Dans notre part d'île, qui garde à elle seule le nom indien originel, le terme de musique populaire prend des connotations différentes selon la situation géographique, selon le niveau de culture, selon le groupe social et selon l'endroit où se trouve l'observateur. Cette différence dans la pratique culturelle entre les milieux sociaux, par exemple entre les urbains et les paysans, devient de moins en moins évidente, mais elle reste encore palpable et vivace, donc il est nécessaire d'en tenir compte.

La façon d'écouter, de ressentir, de danser, de vivre la musique dans le pays se révèle un peu tributaire de la position sociale. Pour un trait d'humour, certains notent qu'un colonel de l'armée n'esquisse pas les mêmes pas de danse qu'un soldat, et que celui-ci ne danse pas non plus, tel un citoyen ordinaire.

Bref ! La musique *Rara* et généralement la danse *Gwouyad* sont réservées aux prolétaires, qui ont besoin d'une musique frétillante qui dérouille et d'une danse remuante pour s'exulter. Ces musiques bien rythmées qui provoquent une danse déchaînée sont donc leur apanage. Les danses folkloriques authentiques : *zèpôl, mayi* et les autres restent l'affaire des campagnards, des provinciaux qui montrent ainsi leur vaillance et leur dextérité, tout en se relaxant de durs labeurs. L'élite, très bonne élève, suit ses maîtres dans des musiques et des danses exotiques comme la valse, le disco… selon les époques. Au vu de cette situation, la nation se présente culturellement divisée en deux ou plus, au point qu'il ne serait point insensé de parler de cultures différentes. Il reste le konpadirèk, musique et danse populaire, qui cherche à réunir tout le monde, en faisant le lien entre les lieux huppés de la capitale et les paillotes estivales improvisées, un peu partout dans les villes de province du pays, lors des bals des saints patrons. Les groupes de musique konpadirèk, malgré les conditions d'accès difficiles et le manque cruel de moyens, se sont toujours produits dans les arrière-cours du pays. Ainsi les villes telles que Limonade, Petit-Goave, Cayes, et d'autres encore, ont pu devenir des lieux de référence musicale, de rendez-vous de mélomanes des diverses couches sociales du pays.

Avec le konpadirèk, la division culturelle s'estompe petit à petit, elle devient moins visible qu'elle a été dans les années antérieures, mais, jusqu'à hier, la capitale Port-au-Prince se détachait nettement comme un monde à part dans le paysage musical haïtien. Elle a été pendant longtemps la seule ville du pays qui disposait de quelques infrastructures : un aéroport international, un grand port, des stations de radio et de télévision, et de l'électricité dans les foyers, à toute heure, alors qu'à une trentaine de kilomètres de la capitale, en dehors du cercle port-au-princien, il n'existait même pas un bureau de poste. Les moyens de communication étaient exécrables, les accès étaient plutôt des terrains défrichés, des pistes, la population vivait sans électricité, sans eau courante. Dans son livre, « La vraie musique entraînante haïtienne de tous les temps » Thony Louis Charles observe qu'au début des années soixante, voyager de Port-au-Prince vers les Cayes, la troisième ville du pays, située à moins de deux cents kilomètres de la capitale, était une aventure. Par temps de pluie, elle pouvait durer une semaine entière. Parfois l'expédition pouvait même se révéler périlleuse, plusieurs musiciens ont perdu la vie dans des accidents dus aux mauvais états des routes.

Pour les habitants de ces lieux nichés dans les mornes, certains très difficiles d'accès et dépourvus du minimum, la consommation musicale passait surtout par les cultes et les manifestations carnavalesques. Pendant longtemps, rares étaient ceux ayant la chance d'assister à la prestation d'un groupe de musique moderne. Sans trop de contact avec l'extérieur, beaucoup de ces lieux reculés ont peu subi les influences étrangères. En ces endroits, la culture ancestrale est transmise de génération en génération, la tradition est donc restée immuable, figée dans le temps. De nos jours, il est encore possible d'y rencontrer des danseurs pratiquant le Carabinier. Une des danses qui étaient à la mode au temps de l'empereur Jean Jacques Dessalines, tout au début du XIXe siècle.

Cette différence touche les tréfonds, le cœur même de la création artistique et a largement contribué à créer des fossés culturels entre les populations urbaines et celles des campagnes reculées. Néanmoins, elle ne saurait être expliquée uniquement par la situation économique et le manque d'infrastructures qui frappent nos provinces. Il faut aussi prendre en compte le rejet et l'oubli de la société haïtienne, qui considère les provinces, les campagnes, tous les lieux en dehors de la ville, comme le creuset de la négativité humaine.

Les échanges entre les villes et les campagnes ne s'opèrent que dans le sens des campagnes vers les villes, et dans l'unique but d'alimenter en produits de première nécessité et en main-d'œuvre les familles vivant dans les villes. Ce n'est que récemment, à la faveur de divers facteurs, comme les postes de radio à transistors et la montée du konpadirèk que les citadins proposent leurs produits aux provinciaux et que des changements significatifs vont bousculer les habitudes musicales de l'arrière-pays, des *moun andeyó*, comme on les affuble. C'est-à-dire ceux vivant en dehors des villes, des paysans.

Mais pendant longtemps, la musique diffusée par la grande majorité des stations de radiodiffusion ne recherchait ni ne montrait aucune fidélité vis-à-vis de la culture du pays. Aujourd'hui encore, elle ne remplit nullement une fonction promotionnelle de nos valeurs artistiques et culturelles. Au contraire, les analyses et les commentaires des animateurs et présentateurs se montrent outrageusement dévalorisants vis-à-vis de nos arts. Ils sont clairement destructeurs des traditions haïtiennes.

Selon une récente étude réalisée par des étudiants canadiens d'origine haïtienne, depuis la deuxième moitié des années quatre-vingt, la part de programmation réservée à la musique locale est devenue minoritaire. Elle conduit les jeunes artistes à produire, ou reproduire une musique aux couleurs d'ailleurs comme celle diffusée par les radios et les télévisions. Et la pratique porte préjudice spécialement à la tradition folklorique et au konpadirèk.

La tradition, le folklore.

Venant plutôt de l'héritage marron, après la fin de l'esclavage et la proclamation de l'indépendance, la musique traditionnelle a longtemps vécu recluse dans les *lakou*, (lotissements familiaux). Elle est restée donc authentique, protégée par les montagnes comme l'étaient les marrons. L'orchestration et le style n'ont pas bougé depuis plus de deux siècles. La mélodie est répétitive, et toujours à canon. Le texte très peu développé et souvent codé chante généralement une louange à une divinité vaudoue, un avertissement à un fils, une menace envers un ennemi, ou une satire.

Très peu soucieuse de fixation sur support et encore moins de commercialisation, la musique traditionnelle est pratiquée et consommée exclusivement en live et produite par des musiciens souvent bénévoles lors de soirées de danses vaudoues, ou des défilés de carnavals. Plus rarement, elle est présente dans les moments de détentes improvisés des après-midi où les familles et les amis se réunissent autour du traditionnel café aux invités, quand l'odeur alléchante du breuvage attire un instrumentiste, un tambourineur passant par les environs.

Elle n'est invulnérable que d'apparence. Les styles meurent, le genre se dévitalise, nombre de créations ne survivent pas. Les sketches et les comédies musicales à l'haïtienne des jeunes des quartiers qui avaient comme trame musicale la musique traditionnelle, la musique des *lakou*, sont tombés en désuétude, et ont disparu des pratiques de la jeunesse. Aussi, les groupes musicaux qui circulaient à la manière des *rabôday* dans les rues de la capitale, les samedis et dimanches précédant les jours gras, des groupes aux noms évocateurs comme Minwi-Minwi, Grap Plezi, Lobodia ne sont plus, sans qu'ils aient trouvé de relève. Même si la musique folklorique est le genre musical haïtien pour lequel existe le plus grand nombre d'écrits; il faut tenir compte que ses musiciens évoluent dans une situation très précaire, et que la musique d'inspiration vaudoue elle-même lutte toujours pour acquérir ses lettres de noblesse.

Dans les années quarante, le mouvement indigéniste appelait à un retour aux sources, aux racines, et il a été célébré le mariage du folklore et de la ville, du sacré et du profane, du vaudou et de la modernité. Un demi-siècle plus tard, il a fini par accoucher aux forceps le mouvement musical que représente aujourd'hui la *mizik-rasin* (musique ancestrale). Ce dernier a pris un bel essor avec nombre de groupes et de musiciens, mais avant même d'asseoir le changement intégral dans la perception que s'est forgée le public depuis bien des générations à l'égard de la musique folklorique, il s'est essoufflé. Il est retombé à plat. Au pays des *lwas*, la musique traditionnelle n'occupe que la dernière place au rang des musiques diffusées, car elle ne va pas dans le sens du pharisaïsme des citadins, surtout ceux de la capitale, se voulant à tout prix catholiques, ou depuis peu, protestants.

Nés dans les champs, dans les plantations, les chants vaudous étaient une échappatoire, un moyen auquel les esclaves ont eu recours, pour les aider à supporter leur difficile existence. Ils jouaient le rôle de véhicule de transcendance. À travers cette musique, ils ont cherché et retrouvé leur origine, leur tradition. Ils ont trouvé de la profondeur spirituelle qui leur a permis de se projeter vers un au-delà sublimé. Elle réveille toujours quelque chose d'initial en nous : Haïtiens. Elle est devenue une musique sacrée, consommée dans les cérémonies religieuses, et donc l'apanage des *vodouyizan*, s'adressant presque exclusivement aux initiés, ou aux adeptes. Les messages et l'esprit dominant dans ces créations entrent en contradiction avec ceux du christianisme, expliquant l'opposition et l'inflexibilité de toute une couche de la population face à cette musique, inscrite dans les gènes des hommes et dans l'histoire du pays.

Des multiples rythmes de notre folklore, seuls le *rabôday* et la *kontredans* ont clairement évolué vers une forme profane. Et si le *rabôday* apparaît mieux accepté par une partie de la population citadine, ce n'est que parce qu'il prend souvent la forme d'un carnaval, qui propose le mélange des couleurs et des genres. Un rassemblement, où une énorme foule se retrouve à Léogâne ou à l'Artibonite, même si là encore il faut distinguer ceux qui regardent en hauteur et ceux qui sont dans la foule. Mais le *rabôday* peut-être parce qu'il est souvent satirique et qu'il a gardé le style d'écriture codée caractérisant la musique traditionnelle, aussi parce qu'il partage quasiment les mêmes codes de composition, les mêmes sources d'inspiration, les mêmes espaces de création et de consommation avec les autres rythmes, n'arrive pas à se séparer totalement du corpus musical religieux. Il y reste associé, subissant le même rejet que toutes les autres musiques, tous les autres rythmes folkloriques créés par et pour les campagnards.

Pourtant les musiques vaudoues constituant les créations musicales traditionnelles jouent beaucoup plus qu'un rôle de support à la liturgie ; en tant qu'art, en tant que moyen d'expression elles se posent aujourd'hui comme un support de réappropriation d'une identité culturelle propre et sont plus qu'utiles, dans notre société. La *kontredans*, qui est quasi oubliée de nos jours, facilitait les rencontres et favorisait la formation des couples, donc participait à la socialisation des cavaliers et cavalières. Si c'était une musique, une danse d'aujourd'hui, on parlerait sûrement de *dance dating*.

Bien longtemps déjà quelques esprits libres ont saisi la portée de la musique folklorique, la période indigéniste en est une preuve. Et il est facile de constater ses traces dans les arrangements des groupes de konpadirèk de toutes les époques. Les insertions de rythmes traditionnels en introduction de certains de leurs titres, ou leurs excursions totales vers les terres du vaudou, soit en interprétation ou en création pure, ne sont pas seulement les empreintes du mouvement littéraire et culturel indigéniste des années quarante, mais elles expriment aussi l'irrésistible attrait que ces rythmes génèrent. Chaque fois qu'il est possible aux groupes, ou qu'ils en aient l'occasion, ils s'en sont toujours donné à cœur joie. La réussite de ces essais a sûrement contribué à faire vivre en harmonie le konpadirèk et la musique traditionnelle comme un échange de bons procédés, l'un entrant dans le champ de l'autre.

Mais la musique folklorique n'a pas survécu grâce seulement aux élans fébriles des intellectuels et la puissance intrinsèque de ses multiples rythmes déchaînés et envoûtants, elle la doit surtout à la nécessité pour la nature de combler le vide et à la résistance des hommes de l'arrière-pays. Il convient sûrement de l'accepter, car dans le contexte social de ces coins reculés, de ces trous perdus et oubliés, les soirées de danses vaudoues dépouillées de leurs dimensions religieuses sont des loisirs, des réunions mondaines, des sorties culturelles pour noctambules comme l'opéra ou le disco. Et mieux encore, il faut plutôt les comparer aux bals populaires, car l'accès à ces activités festives est gratuit. Un facteur non négligeable qu'il faut même souligner en rouge, car le paysan haïtien vit dans l'impécuniosité.

La musique savante haïtienne.

Posons bien les limites et gardons-les bien en place pour bien cerner la réalité. La musique classique n'est consommée que par une élite dans le monde. Elle n'intéresse qu'une mince partie des mélomanes, dont un grand pourcentage vit dans les pays se situant vers le haut du globe. Des efforts considérables sont mis en œuvre par les pouvoirs publics dans un grand nombre de pays occidentaux pour garder la tradition musicale classique, mais elle demeure une musique dédiée à une élite, une part minoritaire de mélomanes à travers le monde. Dans les pays du sud, comme en Haïti, le nombre des adeptes de la musique dite savante est encore moindre. Une écrasante majorité d'Haïtiens, dans leur quotidien, ne se retrouve que très rarement en position d'écouter cette musique. Ils ne l'entendent qu'occasionnellement dans les pompes funèbres ou dans les Églises catholiques et évangéliques à travers les chants importés par les missionnaires.

Par ailleurs, la production et la diffusion de la musique classique restent confidentielles. Les concerts sporadiques de l'Orchestre de Sainte Trinité font toujours salle comble. Mais quelle salle ? On est loin d'un Capitol ou d'un Rex Théâtre. Si l'on ajoute qu'il n'y a presque jamais de disques enregistrés, il devient clair que le genre ne constitue point un courant musical significatif dans le pays.

Bien sûr, des musiciens se sont illustrés dans l'interprétation, comme dans la création de pièces classiques, de *mereng* stylisées, tels que les Justin Elie, Ludovic Lamothe, Frantz Casséus, Justin Lherisson, Amos Coulanges, et bien d'autres, mais les œuvres éditées sont peu nombreuses et très peu diffusées. Les gouvernements successifs n'agissent pas pour défendre les créations des musiciens savants. Ils ne reçoivent aucun soutien au niveau de l'État. Amos Coulanges, brillant guitariste, musicologue, s'est insurgé lors d'une interview : « Depuis l'époque indigéniste, les gouvernements ne font que tirer la musique haïtienne vers les bas-fonds… Beaucoup d'œuvres de grands compositeurs pourrissent dans les tiroirs, et ils ne font rien pour les faire vivre ». Quelques rares œuvres ont pu jouir des parts d'antenne, mais les œuvres des créateurs haïtiens ne sont quasiment pas diffusées ni sur les ondes des stations de radiodiffusion laïques, ni sur celles des missionnaires évangéliques : 4VEH, Radio Lumière, où pourtant, la musique classique trouve le plus large créneau dans les grilles de programmation. Trop imprégnées de culture haïtienne, les œuvres de nos compositeurs sont exclues des antennes de ces dernières.

Les églises en nombre et en ordre de bataille ont gagné bien des âmes, mais après la désinformation, la malédiction et le rejet que les rythmes haïtiens ont subi ; après les multiples tentatives d'imposer d'autres musiques issues de la culture des évangélisateurs, il s'en est suivi que ce sont les rythmes locaux qui ont remporté le combat. Les rythmes folkloriques se sont introduits dans les églises, des œuvres classiques sont détournées par les musiciens religieux, recolorées en des teintes locales, dans le style konpadirèk par exemple.

Le twoubadou. La chanson populaire.

Le *twoubadou*, malgré sa proximité phonétique avec son homonyme français : troubadour, prêtant souvent à confusion, lui est bien éloigné dans le style et dans la forme. C'est une forme de *mereng* légère, adaptée aux petites formations ou à un musicien seul s'accompagnant à la guitare, ou au banjo. Il est pratiqué dans les périphéries des villes, et n'est apprécié que par la classe sociale intermédiaire des provinces. Les hôtels aussi en proposent, car les touristes raffolent de son authenticité. En effet, la création musicale des *twoubadou* a la force de la simplicité, le courage et l'audace de la désinvolture. Cette musique est un sourire que les musiciens s'ingénient à partager avec tout l'auditoire, une sensation de bonheur qu'ils pulvérisent dans l'air. Elle est une philosophie de vie. L'orchestration se résume à un banjo, ou à une guitare sèche, accompagnant une voix souvent éraillée. Parfois pour mener la danse, la formation s'enrichit d'un *manouba* (une sorte de basse), d'une paire de congas et de maracas pour parfaire le rythme.

Les historiens n'oublient jamais de souligner que la *mereng* des *twoubadou* et celle dite carnavalesque sont les deux seules formes qui ont survécu ou qui vivotent parallèlement aux autres musiques populaires, tels que le konpadirèk, ou la *mizik-rasin*. C'est une musique qui malgré les années, a toujours gardé toute sa fraîcheur. On dirait qu'elle est d'une jeunesse éternelle. L'origine de la *mereng* des *twoubadou* remonte à la période d'avant l'indépendance, mais friande du banjo, de la guitare et de mélodies mielleuses, elle a bien subi quelques influences venant de nos alentours hispanophones : Cubains, Mexicains et autres, eux aussi amateurs d'instruments à cordes. Les Haïtiens sont de grands consommateurs de musiques venant des pays de l'Amérique latine. Les films mexicains qui s'apparentaient à des comédies musicales rencontraient énormément de succès auprès de la population. Les jeunes comme les moins jeunes patientaient dans de longues files d'attente pour assister à leur projection. Certains films restaient plusieurs mois à l'affiche, surtout dans les salles de cinéma les moins quottées des quartiers populaires de la capitale. Et les chanteurs mexicains Miguel Aceves, Joselito, ont charmé au point de devenir des modèles pour nos chanteurs. Ils les interprétaient et les imitaient. Les historiens ont montré que ce genre musical ne s'est vraiment popularisé qu'à la faveur du retour d'un grand nombre de nos frères qui ont séjourné à Cuba dans les années quarante et cinquante. Naturellement amoureux de la musique, beaucoup d'entre eux sont revenus au pays avec une guitare ou un banjo dans leurs bagages. Et ils se plaisaient à raconter la vie « merveilleuse » des musiciens bohèmes qui, avant l'arrivée de Castro au pouvoir, parcouraient les villes instrument sous le bras, chavirant sur leurs passages, les cœurs des jeunes filles.

Tous ces évènements ont contribué à l'évolution du style *twoubadou*. Ils l'ont alimenté jusqu'à lui donner sa forme contemporaine. Les grandes figures sont Ti Kandjo (E. Auguste de Pradines), Ti Paris (Cyriaque Achille Delmas), Rodrigue Milien, Althiery Dorival… Leur savoir-faire leur a permis de bien fondre tous ces éléments exotiques dans la musique locale et de façonner le style *siwèl* (mielleux, acidulé) que la *mereng* des *twoubadou* a su développer, et qui éminemment la caractérise.

L'histoire de ces artistes se compose de hauts et de bas. Elle est émaillée de coups d'éclat et de longs jours sombres. Ils évoluent dans l'indifférence des uns et des autres, mais à des moments inattendus, ils captent la plus forte audience dans le pays et se hissent en tête des hit-parades de toutes les tendances, comme si le genre était en agonie et connaissait de violents spasmes. Avec le titre « Nécessité », sur leur premier album, Rodrigue Milien et son compère Toto ont connu un tel succès dans les faubourgs de Port-au-Prince, que dans un autre milieu, ils auraient pu vivre le restant de leur vie, des droits générés. Avec cette chanson adaptée, ou mieux, appropriée d'une composition originale de Dany Riviera, Jules Similien est devenu Toto Nécessité. Il s'est fait un nom. Mais l'édition de la production musicale des *twoubadou*, sauf pour quelques-uns d'entre eux, reste toujours sporadique. Si vrai, que la discographie de chacun de ces groupes ou des artistes solos dépasse rarement deux albums. L'album, comportant le hit, est édité, et un autre le suit dans la foulée, puis l'artiste ou le groupe retourne dans l'anonymat. Les producteurs les utilisent comme des mouchoirs jetables. Ils ne s'intéressent à eux que le temps d'un disque, et à un seul d'entre eux à la fois.

Une fois que leur tube est détrôné et retiré des ondes radiophoniques, plus personne ne parle d'eux. Le public amnésique oublie jusqu'à leurs noms. Les Charmeurs du Cap-Haïtien avec le titre « Bénita », comme Altieri Dorival avec le méga hit « Ti Ca », ou le groupe Les Sept Vedettes avec la chanson « Deux chances », reprise en chœur, par le Tabou Combo, ont connu de vrais moments de gloire. Mais tous ces groupes, ces vedettes éphémères, sortent plus ou moins rapidement sous les feux des projecteurs et retombent dans la nuit de l'oubli.

Pourtant les créations de ces malheureux musiciens ont souvent été reprises, sans leur accorder de crédit ni leur reverser un centime de droit. Ils sont interprétés par tant d'autres artistes qu'il devient presque impossible de recenser tous les disques sur lesquels figurent leurs compositions remodelées, adaptées, *samplées*... Particulièrement le légendaire Ti Paris qui a connu d'énormes succès. Son titre « Lina » est devenu un classique de la musique haïtienne. Il fait partie intégrale du patrimoine national. Mort en mille neuf cent soixante-dix-neuf, ses disques continuent d'être réédités, ses chansons sont aujourd'hui disponibles sur les sites de téléchargement, mais je ne suis pas certain, que l'un de ceux qui en récoltent les fruits, se souvienne de la date de sa mort, ou soit déjà allé déposer une gerbe sur sa tombe ; si toutefois il y en a une !

Pour survivre, pour exister en tant qu'artiste, certains musiciens de *twoubadou* n'ont d'autre choix que de bifurquer vers le konpadirèk. Pour ces raisons évidentes, Coupé Cloué et son Trio Select créé dans les années soixante, étaient devenus une dizaine d'années plus tard l'Ensemble Select. Et au cours des années quatre-vingt-dix, avec leurs anciens succès revisités, ils avaient remis les couverts du *twoubadou* à la table du konpadirèk. « Men rat-la », « Plein caille », de grands succès de Trio Select étaient repris par l'Ensemble Select, et ils redevenaient d'énormes tubes en Haïti jusque dans des pays d'Afrique, via Radio France Internationale. Gilles Obringer, animateur de l'émission Canal Tropical, les programmait régulièrement. Et lors du dernier passage du Roi Coupe à Paris, il avait tenu absolument à le recevoir en ses studios.

Mais nous devons revenir un instant sur cette fameuse *mereng* avec laquelle le konpadirèk est en interaction continuellement, car ils partagent et échangent les mêmes inspirations, et aussi la danse et une partie du public... Les rapports entre le konpadirèk et la *mereng* des *twoubadou*, se confondent entre amour et moquerie, entre ostracisme et quête. Le konpadirèk, pour se construire tel qu'il est, a dû emprunter beaucoup d'éléments au *twoubadou*, alors que ce dernier en est devenu le pendant du konpa, le représentant dans sa forme de variété.

Les artistes de *twoubadou*, en particulier ceux qui évoluent en solo ou en duo, reprennent toujours les grands succès du konpadirèk dans des soirées spectacles privées, appelées « sérénades », où tout le monde aime chanter en chœur. Des moments musicaux qui constituent l'un des rares cas, sinon le seul où l'Haïtien s'assoit pour écouter de la musique. Dans de vastes cours, comme dans de minuscules espaces, autour d'un verre de rhum, dans les nuits noires et chaudes d'Haïti, les *twoubadou* étalent leurs musiques sur le silence profond des villes et des campagnes. De vrais moments de délices, où ils font chanter en chœur l'auditoire proche, tout en berçant dans leur sommeil les voisins peu ou prou éloignés. Ils vont aussi partout, sous les fenêtres des jeunes filles et sous les balcons des notables, dans les cours communes des quartiers et dans les salons des belles maisons de la capitale, tout le monde y trouve son compte.

Et pourtant, aussi populaire que puisse être la musique des *twoubadou*, elle ne permet pas à ses musiciens d'en vivre décemment. Et les musiciens n'arrivent pas non plus à se défaire de l'image de musicien ivrogne, qui finit ses nuits dans le caniveau et sa vie sur la paille.

Alan Cave, grand artiste, et figure de proue du mouvement *nouveljenerasyon*, que nous verrons plus loin, après avoir rendu hommage aux musiciens *twoubadou* dans la chanson : « Ma rose », a réalisé l'un des plus grands succès de la musique haïtienne, en sa composition : « *Se pa pou dat* » (Longtemps déjà) qui constitue dans sa conception, dans sa forme et dans son style une fusion plus que réussie des rythmes *twoubadou* et konpadirèk. La pièce est construite sur un fond rythmique de konpa ralenti, comme une *mereng* lente, avec toutes les caractéristiques de la musique des *twoubadou*. Il a sciemment réintroduit les maracas, qu'on avait plutôt oubliées, mais que les orchestres utilisaient à bon escient au début dans le konpa. Ils ont ravivé une couleur rythmique oubliée, en jouant en contretemps avec les congas, et ont apporté un peu de légèreté à la basse qui groove dans un konpa lourd. Au mixage, la présence des guitares folks est renforcée, à côté d'un synthétiseur qui répète le même riff du début jusqu'à la fin du morceau. Ajoutons que la mélodie, construite sur des accords basiques et le texte qui garde la même rime tout le long du refrain, sont typiques du style des *twoubadou*.

La chanson « *Se pa pou dat* » est allée plus loin que les horizons du groupe Zin, du *twoubadou* et du konpadirèk réunis, en ce sens qu'elle a été un succès phénoménal, comme personne n'en a jamais réalisé dans l'histoire de la musique haïtienne. On ne sait pas trop expliquer l'exceptionnel succès de ce titre rythmiquement hybride. Arrivait-il en éclaireur, ou a-t-il tiré l'alarme qui a réveillé en sursaut la musique des *twoubadou* qui, peu de temps après, a repris de l'élan ? Elle s'est renouvelée avec tout un arsenal électronique, aux mains et à la voix même des musiciens du konpa. Il était même dit qu'elle s'installerait comme la « nouvelle musique populaire » d'Haïti, à l'aube de ce XXIe siècle.

...Et son renouveau.

Un début de siècle qui n'apporte malheureusement pas plus de lumière sur Haïti. Le phénomène ne date pas d'hier, mais il s'est amplifié depuis quelque temps dans la capitale qui subit les effets négatifs de sa gestion exécrable, d'absence de politique adéquate et de vision à long terme. Ironie du sort, la ville et ses environs surpeuplés se retrouvent souvent sans eau, sans électricité, comme les provinces !

Les coupures intempestives, les journées et les nuits sans électricité à Port-au-Prince entrent dans la normale de la vie quotidienne et conditionnent les esprits. Quelques particuliers privilégiés ont équipé leurs maisons de groupes électrogènes plus bruyants et plus polluants que puissants, ne fournissant pas assez d'énergie pour faire fonctionner tous leurs équipements électriques en simultané. Entre le réfrigérateur et le lecteur de disque, le choix n'engendre pas moult discussions. Les loisirs, tels que la musique, la télévision sont abandonnés aux profits de l'éclairage, que déjà les autorités n'assurent plus dans le domaine public.

L'obscurité aidant, chaque nuit apporte son lot de crimes, les actes de banditisme se sont multipliés, l'insécurité a grandi comme jamais dans la capitale. Les soubresauts politiques que le pays a connus durant les deux décennies écoulées, et la publicité tendancieuse propagée à l'étranger ont occasionné une chute dramatique des activités touristiques. Haïti ne reçoit plus un seul touriste, hormis quelques-uns de ses fils vivant à l'extérieur, qui par amour du pays ou par nécessité de revoir les leurs, bravent l'insécurité au moment des périodes estivales et de la Nativité.

Du côté musical, les musiciens de konpadirèk, bien qu'ils aient leurs voiles gonflés par le vent des enregistrements en public du dernier quinquennat, peinent à sortir la tête hors des vagues : zouk, *rasin,* rap, ragga, etc., qui les ont, un temps, submergés. Du côté de leurs compères les *twoubadou*, qui gagnent difficilement leurs pains hebdomadaires avec les touristes, la situation devenait critique. Les rares hôtels de la capitale, encore en fonctionnement, ne voient pas la lueur d'un touriste. Beaucoup se sont même convertis en maison de prostitution, où les Haïtiens moralistes ne viennent que masqués. Les *twoubadou* ne pouvaient pas se replier sur les provinces qui se sont vidées de leurs habitants au profit des bidonvilles de Port-au-Prince, occasionnant du même coup la faillite des petits bars dansants des villages et des bourgs. Ils se retrouvaient avec les deux pieds coincés dans une seule chaussure. Ils étaient donc condamnés à disparaître.

Malheureux, mais courageux, ils ne se sont pas laissé abattre, ils ont décidé de marcher à la rencontre d'un nouveau public. Tambour pendu au cou, guitares et banjo sous le bras, ils arpentent les routes à la recherche d'un substitut aux touristes. D'instinct, ils se sont aventurés près des constructions ressemblant le plus aux hôtels : les grandes maisons, les villas des hauteurs de la capitale. Et comme ils savent si bien le faire, ils vont par leur musique y apporter une ambiance joyeuse typique de chez nous.

En ces temps difficiles où les habitations manquent d'énergie électrique, les *twoubadou* sont accueillis comme des disc-jockeys bénis. Car se produisant en pure acoustique, ils se passent aisément d'électricité. Leur musique permet de fêter jusqu'aux petits jours sans empiéter sur l'énergie des batteries. Ainsi les grandes familles ont trouvé leurs comptes, leurs belles oreilles se sont laissées tenter par les sons des *twoubadou*, se déversant jusqu'aux portes de leur cœur. Elles ont fini par apprécier les musiciens de *twoubadou* qui semblent revenir d'une carte postale, alors qu'elles les avaient elles-mêmes, fait paria. D'autant qu'en plus du plaisir musical que procure la situation, elle a aussi la propension à les conforter dans leur désir le plus profond. Elle les confère de facto, un nouveau statut social : *blan peyi* (Haïtien riche au teint clair), pseudo-touristes. Et ces Haïtiens, étrangers à Haïti, quand ils ne se laissent pas aller à chanter et à danser à corps perdu, s'étonnent, s'émerveillent, en écoutant une musique connue pourtant depuis toujours, mais qu'ils ont longtemps ignorée et reléguée au ban des œuvres incultes, produites par et pour les paysans analphabètes et les touristes hébétés.

L'homme doit chaque jour réinventer sa vie, les *twoubadou* ont donc réinventé leurs scènes et leurs publics. Ils ont donc trouvé le moyen de survivre auprès de la bourgeoisie, qui leur ouvre sa cour et même son salon pour qu'ils se donnent en spectacle ! En retour, ils éclairent les longues nuits sans électricité de ces maisons aux murs surélevés, en les égayant d'interprétations où l'on adapte pêle-mêle sur un tempo nonchalant, et toujours avec un blues pathétique, les chansons populaires françaises post-yé-yé, et celles des Amériques hispanophones : les boléros, les *rancheras*, arrangés sous forme de *mereng* insulaire au fort parfum de konpadirèk. Du malheur des uns nait quelquefois le bonheur des autres. La situation chaotique du pays va jouer en faveur de ce genre musical, qui après plus d'un siècle d'existence, n'a ni scène ni public fidèle dans le pays. D'ailleurs, la grande question est comment a-t-il pu tenir et ne pas sombrer dans l'oubli total ?

Ainsi que les *twoubadou* eux-mêmes le chantent dans l'une de leurs créations : « Il n'existe point de peine sans secours ». Et voyons-nous comment ils arrivent à se sortir de la situation en un échange de bons procédés : la bourgeoisie, l'élite, sauve les *twoubadou* d'une mort inéluctable, et eux les sortent de la tristesse et de la morosité, qui les minaient.

Les musiciens des groupes konpadirèk eux aussi victimes de la condition du pays, observent bien la scène. Toujours très sensibles à leur environnement et au temps qui passe, et tirant toujours leurs inspirations dans la réalité quotidienne, dans le vécu du pays, les musiciens créateurs, les chevilles ouvrières de la musique populaire du pays vont pousser plus loin leurs interactions incessantes avec les *twoubadou*. Ils vont s'inspirer d'eux et de leur succès engendré grandement par les temps calamiteux que vivent les habitants de la capitale. Mizik-Mizik, groupe de konpadirèk aux nombreux hits, sort sur les ondes une chanson titrée « *Blakawout* » (Coupure d'électricité). Un titre phare annonçant l'album du même nom qui suivra dans les bacs. Le texte passe en dérision la situation de la belle capitale s'enfonçant chaque nuit de toute sa superficie dans les ténèbres. Pour l'orchestration le groupe choisit d'imiter les *twoubadou*, qui sont devenus presque incontournables dans la vie musicale en Haïti. Oui, la nuit ils sont entendus partout dans les beaux quartiers !

Le style des *twoubadou*, les musiciens de konpadirèk le connaissent bien. Avec des sons synthétiques, mais qui sont de pure imitation d'instruments acoustiques, que leur permettent les banques de sons de la dernière génération de leurs expandeurs et de leurs échantillonneurs, la réalisation s'est révélée quasi parfaite. Une vraie guitare acoustique avec un jeu sobre, mais très juste, une paire de congas et des maracas assez authentiques pour agrémenter l'ambiance et laisser l'accordéon se flâner le long du titre, tel un papillon dans un champ de fleurs.

Le texte politiquement et socialement en accord avec l'air du temps, parle de l'obscurité comme d'une affaire qui accommode aussi des notables au-dessus de tout soupçon. Les bandits, comme les cols blancs, tous en profitent pour commettre des actes illégaux, raconte-t-il.

Des musiciens rompus à l'exercice de leur art possédant un savoir-faire patent ont produit une musique avec un groove incomparable. En plus, l'utilisation de matériels d'enregistrement de la dernière génération leur ont permis de bien raffiner leur mixage. Tous les ingrédients étaient donc réunis dans le titre pour qu'ils rencontrent le succès. Et il a été même instantané. C'était un magnifique hit que le pays a chanté en chœur avec sa diaspora.

Cette création originale « *Blakawout* » a modernisé la musique *twoubadou*, avec des couleurs nouvelles et actuelles. Une fois, n'est pas coutume, le producteur, flairant la bonne affaire, aurait sollicité du groupe, l'enregistrement d'un disque complet composé de reprises des plus grands succès de musique *konpadirèk* du moment, revus et marinés à la sauce *twoubadou*. Pour la petite histoire, le produit lui aurait in fine échappé, malgré l'avance qu'il avait consentie.

Sortie, en deux volumes, sous le nom de « *Ayiti Twoubadou* », la production composée de mélodies connues du public et chantées des voix des vedettes des créations originales ont rencontré un énorme succès. Le genre est redevenu alors à la mode, et tout le monde produit dans le style *twoubadou* avec plus ou moins de réussite. Jacob Desvarieux invité pour chanter un de ses titres, négocie les droits du disque pour la France. Le succès traverse alors les océans, et l'on en parle jusque dans des pays d'Afrique. Alors il ne semblait plus qu'il s'agissait d'opérer un coup, mais plutôt, d'un style de musique s'installant dans le paysage. Une musique appréciée, commerciale et pratiquée par nombre de musiciens, partout dans le pays et dans sa diaspora.

Il convient d'attirer l'attention sur un fait : ce sont les musiciens de konpa eux-mêmes, qui ont adapté leurs propres titres ou qui en ont créé aussi dans le style *twoubadou*. Ils en réalisent habituellement dans d'autres styles de musique comme le Jazz ou la Salsa. Ils s'ingénient toujours à interpréter magistralement d'autres rythmes, d'autres musiques, pour simplement prouver qu'ils sont en mesure de les exécuter aussi bien que leurs créateurs. D'autres fois, ils intègrent ingénieusement dans leurs réalisations, des mélodies, des rythmes… Des éléments venus d'ailleurs, dans l'optique de gagner un minimum d'estime, car ils sont toujours à l'affût d'une quelconque idée musicale jugée supérieure par les critiques.

Il faut souligner aussi dans l'histoire un comportement pour le moins paradoxal, je pense qu'il a dû surprendre les amateurs avertis et soulever une profonde interrogation chez les professionnels du konpadirèk. La soudaine acclamation de la musique *twoubadou* par le public des beaux quartiers, lui, qui reproche toujours au konpadirèk sa simplicité prétendue, déroule même le tapis rouge pour un genre musical ne touchant que par sa simplicité !

Pour se défendre, certains arguent qu'il s'agit de la vraie musique haïtienne. Mais l'hypocrisie n'a pas tenu longtemps, et l'euphorie est vite retombée. Sans surprise, la volatilité et l'inconstance de ce public particulier l'ont conduit à se désintéresser puis à abandonner les *twoubadou*. Malgré une production massive de disques, comme à l'ordinaire les *twoubadou* se sont tus. Et telle une fatalité, le genre retourne dans l'oubli et dans l'indifférence cherchant toujours par des nuits noires une scène et un public. Reste à espérer qu'il ne s'agissait pas de son dernier soupir, et que ces derniers chants ne l'ont pas affaibli, au point qu'il s'endorme à tout jamais. Et surtout, qu'il revienne pour les vrais d'entre eux, le temps d'un nouveau hit.

Le shampa.

Avant le retour en force du *Twoubadou* au début des années deux mille, d'autres idées ont été montées en épingle pour trouver une musique qui remplacerait le konpadirèk dans le cœur des Haïtiens. Depuis sa création au milieu des années cinquante, il règne en maître et sans partage sur la scène musicale en Haïti. Les *minidjaz* prenant la relève de Nemours Jean Baptiste sur la fin des années soixante, ont fini par imposer le konpadirèk dans toutes les couches de la société haïtienne. Et ils ont même réussi à le faire adopter outre-mer dans la Caraïbe, dans des pays de l'Amérique centrale et du Sud, et en Afrique, où l'on trouve actuellement des groupes de musique jouant exclusivement du konpadirèk.

Gérald Merceron pianiste, compositeur, animateur de radio, critique virulent ayant collaboré *softly* avec le magazine Jazz Hot, s'était donné comme devoir, de doter la musique haïtienne « d'un nouveau rythme qui répond aux exigences de la modernité », selon ses dires. Après ses escapades dans le jazz, la musique classique, le bossa-nova, il revisite la terre natale sans y poser vraiment les pieds. Le ton hautain, il arrive en maître à penser avec des compositions qui exigent à l'écoute un effort plus que soutenu. Mélodies sinueuses, harmonisations dissonantes, rythmes scabreux et arrangements tordus exprès et à souhait, ce sont là les marques distinctives de la musique de Merceron.

Les années soixante-dix se terminent, les exilés politiques perdent presque l'espoir du retour au pays. Ils continuent de chanter Haïti, mais semblent abandonner le combat. La dictature qui vient d'affirmer sa pérennité s'inquiète moins, elle baisse légèrement sa garde et laisse un peu d'espace à la liberté d'expression dans le pays. Certains journalistes, écrivains, artistes, sans se rassembler semblent pourtant agir dans le même sens, et osent lever la voix face au pouvoir. Le Théâtre National d'Haïti présente une pièce satirique : « *Pèlin-Tèt* » (Piège pour la pensée) de l'écrivain Frankétienne. Sur le moment la pièce bat tous les records de représentations en Haïti. Une performance due surtout au talent incommensurable du comédien Roland Dorfeuille, incarnant le personnage de Pyram, symbole du peuple, du paysan, mais aussi à celui de l'auteur se transcendant dans l'écriture de la pièce. Le grand public, l'homme de rue, l'*analphabète de bonne volonté*, par le truchement du théâtre en haïtien, accède à ce grand écrivain, reconnu et respecté, et dont les œuvres en français ou en haïtien sont toujours unanimement saluées par les critiques et le public.

Merceron, pour entrer dans la ronde de la chanson haïtienne, emprunte à l'écrivain à succès le texte « *Dômi, leve* » (Perdre son temps) qu'il met en musique. Le texte est tiré du livre « *Dezafi* » (Les affres d'un défi), considéré comme l'un des monuments de la littérature haïtienne contemporaine. La chanson portée par la voix *nan govi* (d'outre-tombe) d'Herby Widmaier, propriétaire de Radio Métropole l'une des plus grandes stations radiophoniques de l'époque, mélange des éléments de musique classique, de jazz et de *rabôday*. L'accompagnement est assuré par Amos Coulanges, un enfant du peuple, un guitariste classique fraîchement revenu du festival de guitares de la Martinique avec le prix de la Sacem. Merceron avance sur le tapis rouge, en crachant son venin à droite et à gauche sur les autres musiciens, en particulier les musiciens de la musique konpadirèk, qu'il considère comme des vulgaires et des nuls.

Occuper le devant de la scène musicale haïtienne ne représente pas un challenge pour lui. La place lui revient de droit, vu son intelligence supérieure et quelques autres raisons tellement évidentes selon lui, qu'il n'a nullement besoin d'exprimer.

En un quarante-cinq tours et deux trente-trois tours qu'il enregistre avec des moyens quasi amateurs, le compositeur s'installe dans le paysage musical haïtien. Mais composer ne lui suffit pas. Il veut changer radicalement les données de la musique de ce côté-ci de l'île. Sur son troisième album, où figurent plus d'une dizaine de titres, Gérald Merceron introduit sa création : le *shampa,* présenté comme la nouvelle danse haïtienne. N'y voyez pas de similitudes avec le mot konpa ; il s'agit de la réunion des mots « chant » et « pas » - le chant et les pas de danse - a expliqué le créateur. En proposant son nouveau rythme, il veut réconcilier dans le pays l'écoute et la danse. Sa musique ne s'adresse pas du

tout aux paysans, mais elle lui aurait été tout de même inspirée par ceux-ci dans leur besogne. L'analyse rythmique montre qu'il est arrivé à cette nouvelle musique, en superposant peut-être inconsciemment deux éléments rythmiques de notre folklore : le *kata* (style de battement à la baguette sur le petit tambour) dans la musique *rabôday*, plus précisément le style du groupe la Grande Puissance et celui de la danse des Affranchis.

Bien qu'il puisse paraître prétentieux et opportuniste, Merceron a le double mérite de la création et du dépassement de son aigreur dans la réalisation et l'accomplissement de son art. Il a essayé de proposer une autre musique avec des couleurs locales peut-être discutables, mais non l'importation d'une musique. Sa vision étriquée, son aigreur, et sa haine l'ont trop longtemps égaré. Il a essayé de rectifier, sur son dernier disque, en invitant des têtes d'affiche de la musique populaire comme Ti Manno, Carole Demesmin, Claude Marcelin, mais le public n'étant pas dupe, il est resté indifférent au *shampa*. Il n'a laissé apparaître aucune réaction. Ni enthousiasme ni mépris. Et les musiciens eux ont simplement ignoré sa création. Par conséquent, son œuvre n'a pas eu grand écho, elle est restée marginale, le *shampa* n'est toujours ni pratiqué, ni même écouté nulle part sur le territoire haïtien.

La « nouveljenerasyon » : les « zoukistes »

En quatre-vingt-quatre, Gérald Merceron, la grande voix des pourfendeurs du konpadirèk, créateur de rythme et compositeur sans succès, est mort. Et avec lui semble mourir aussi son *shampa*. Mais avec l'accès libre dont il a pu jouir dans les médias, il a préparé certains jeunes esprits qui, le moment venu, se sont empressés de prendre la relève du dénigrement systématique du konpadirèk.

En quatre-vingt-cinq, la vague zouk, pleine de paillettes, déferle sur Port-au-Prince. Les Haïtiens sont éblouis, leurs esprits surchauffés, et le konpadirèk tout entier, semble se noyer dans la sonorité percutante de Kassav'. Un son de qualité numérique, réalisé dans l'un des studios les plus modernes de Paris, avec l'aide des derniers ordinateurs de l'époque, par des « Antillais » (guadeloupéens, martiniquais) très concernés, parlant d'« hégémonie de la musique haïtienne », et d'indépendance de la « musique antillaise ». Ici, l'expression « musique antillaise » sous-entend exclusivement celle de la Guadeloupe et de la Martinique. Les Grandes Antilles, Cuba, Haïti, etc. ne sont pas connotées comme faisant partie des Antilles !

Début quatre-vingt-six, Washington s'empresse d'envoyer un avion aux Duvalier pour les acheminer dans le sud de la France. Le grognement des opprimés s'est transformé en liesse populaire, et partout dans le pays, le peuple parle de changement confondu souvent avec éradication. Il vient d'en découdre avec la présidence à vie et calciner sa milice, il veut tout changer dans le pays : la politique, la société, les coutumes, la culture… Le nouvel ordre haïtien, bien avant le nouvel ordre mondial, est en marche et à courte échéance. Il s'appelle : *dechoukaj* (déracinement).

La transposition de l'agitation sociopolitique du pays sur le plan musical est sans équivoque. Comme pour la politique et dans la confusion générale, des inconnus qui se cachaient, ou ne se montraient que timidement, sortent de terre et prennent les rampes de la scène en crachant à droite et à gauche, eux aussi, sur un konpadirèk plus qu'affaibli par une gestion médiocre et corrompue. Tous, ils prônent une nouvelle musique que personne n'arrive à définir, et qu'eux-mêmes ne définissent pas non plus. Gesticulant dans tous les sens, ils ont fini par trouver un dénominateur commun éphémère : *nouveljenerasyon*.

La *nouveljenerasyon* n'est ni un nouveau rythme ni une nouvelle musique. Il s'agit juste d'une nouvelle génération de musiciens, ne découlant de rien, sinon de l'idée d'imiter le groupe Kassav et d'utiliser des boîtes à rythmes et des ordinateurs en studio comme sur scène. Et du haut de sa jeunesse, cette nouvelle génération se croit supérieure à tout le monde. Elle ne montre ni respect ni gratitude envers personne. Apparue spontanément dans le paysage musical en Haïti, cette appellation non contrôlée regroupe sous sa bannière, un tas d'éléments hétéroclites : la jeunesse d'une bourgeoisie décadente avec ses quelques fils illégitimes et naturels, une multitude d'éléments satellites, de pseudo-musiciens, des *musicienoïdes* : mi-musicien, mi-ordinateur - peut-être même, qu'il y avait un peu plus de machines que d'humains - et quelques apprentis sorciers, se déclarant ingénieurs du son de très piètre qualité… Résumons : beaucoup de monde et d'ordinateurs, mais peu de créateurs et de musique. Tous, ils gesticulent autour de la sphère musicale de Port-au-Prince, en connexion avec New York, repère d'une diaspora haïtienne hétéroclite et mutante.

Sous prétexte que tout le travail de leurs aînés est sans mérite, ils bousculent tous les musiciens des groupes de konpa d'alors, vers une retraite prématurée et sans solde. Ils produisent une musique dans le style zouk, qu'ils acceptent comme un genre supérieur, alors que d'un point de vue musical strict, le zouk ne peut être compris que comme une singularité, au mieux une école du konpadirèk, tout comme l'est le style Coupé Cloué, ou celui de Magnum Band, pour ne citer que ceux-là.

Bref ! La *nouveljenerasyon*, qui se présentait comme une réaction des jeunes Haïtiens, était plutôt une énième tentative molle, et atone, de perpétrer un coup d'État féroce contre le konpadirèk. Elle n'était autre qu'une forme d'agression gratuite d'une société haïtienne se faisant hara-kiri. Une opération fomentée par une frange du pays qui, voulant rétablir une hégémonie musicale, s'allie avec l'extérieur dans un sale amour masochiste, où elle sacrifie ses propres musiciens populaires. La *nouveljenerasyon* n'était qu'une facette d'un mouvement beaucoup plus large, prônant depuis longtemps le konpa *bashing*. Un mouvement où chacun va à sa manière, et selon ses moyens.

Si la petite bourgeoisie haïtienne semble avoir glorifié la *nouveljenerasyon*, comme la belle, la nouvelle, la seule musique haïtienne, ce n'était que dans le but de tailler l'herbe sous le pied du konpadirèk, dont la popularité a toujours dérangé une grande partie des élites. Elle n'a jamais accepté cette musique populaire.

En dehors du pays, un silence radio est décidé et un black-out total est jeté sur la musique haïtienne. Dans les communautés intéressées des grandes villes comme Paris et dans des îles, telle la Guadeloupe par exemple, où la musique populaire haïtienne a pu placer quelques jalons, les radios et les télévisions ne la diffusaient plus. Les disquaires ne la proposaient plus et en même temps, se lançait une campagne promotionnelle outrancière du zouk nouveau. Les promoteurs du zouk se sont organisés pour barrer la route au konpadirèk, et par extension à toutes les autres musiques haïtiennes ! Leur réaction protectionniste vient comme une fêlure dans l'os transversal de la fraternité culturelle reliant les Caribéens, si l'on considère que nous possédons la même racine et que nous partageons une histoire commune, sinon très proche.

Les chefs de file du zouk agissaient en toute conscience de leurs limites. Ils savaient qu'ils n'allaient jamais pouvoir rivaliser sur le plan de la qualité et de l'art. Et bien imbus de leur objectif, ils ont utilisé la tactique de la saturation. Ils proposaient hebdomadairement de nouveaux albums, pour occuper l'actualité et le marché. Le groupe Kassav, en attendant les renforts, s'est organisé et lançait sans répit, à un intervalle trimestriel, mensuel parfois, des albums de chacun des membres : chanteurs, choristes, danseuses; porté en solo, avec des invités sans étiquette. Et contrairement au konpadirèk laissé pour compte, les créateurs du zouk, sont eux secondés par des organismes publics, leur ouvrant les portes des médias nationaux et du major Sony France. Ils lui fournissent toute l'aide nécessaire, comme le sponsoring par Air France, ou le subventionnement des tournées.

Leur politique paye. Avant même que les Haïtiens saisissent la situation et se reprennent, le zouk a supplanté le konpa dans les bacs des disquaires spécialisés, même à New York et à Port-au-Prince.

De toutes les manières, les producteurs haïtiens ne se sont pas battus pour garder leur part de marché. Ne voulant plus prendre de risque de produire du konpa, ils ont déserté la production musicale. Les musiciens restaient avec leurs masters sur les bras. Et les disquaires spécialisés en musique haïtienne, se reconvertissaient dans l'import-export de produits divers, ou déposaient le bilan. Les deux plus grands producteurs haïtiens Marc Duverger et Fred Paul qui s'étaient installés dans la communauté haïtienne aux États-Unis d'Amérique, et qui ont gagné des fortunes avec le konpadirèk abandonnent le business au moment où la musique haïtienne avait tellement besoin d'eux, de leurs expériences. D'autres producteurs retournent en Haïti, pour investir dans l'alimentation, surtout le riz, un marché plus que porteur dans un pays qu'on n'a pas cessé d'affamer depuis près de deux siècles. Ils ont ainsi prouvé que leurs intérêts étaient pour le business et non pour l'art.

Une grande partie du public ne comprenait pas la division générationnelle qui s'était installée entre les musiciens haïtiens. Aux Antilles françaises, en moins d'une génération, il s'est formé deux mondes bien distincts. D'un côté, quelques mélomanes éclairés et fouineurs qui remuent ciel et terre pour trouver les rares nouveautés, et les quelques rééditions de musique haïtienne ; et de l'autre, une grande majorité conditionnée à considérer le konpadirèk comme dépassé dans le meilleur des cas, ou purement et simplement impropre à l'écoute.

Alors, les premiers, à défaut de nouveauté, gardaient le souvenir de tout le bonheur apporté par le konpadirèk, et conservaient les vieux succès enregistrés au format analogique, comme des reliques. Ces vinyles, s'imposaient donc comme les seules références anachroniques de la musique haïtienne dans les salons, dernier bastion du konpa, quand entre-temps, l'enregistrement numérique a révolutionné la qualité des écoutes.

Cette situation a duré près d'une décennie, pendant laquelle, le konpadirèk traqué de tous les bords jusque dans son fief tourne en rond dans le cercle protecteur qu'il a formé à sa mesure, avec les lauriers récoltés par le passé. Les musiciens affaiblis déjà par des nuits de grandes performances payées à petit prix, ou parfois même non rémunérées sont pris de vertige. La chute du konpadirèk était alors inévitable.

Profitant du chaos, les groupes dits *nouveljenerasyon* prenant leurs boîtes à rythmes comme béquilles, boitent jusqu'au-devant de la scène musicale locale. Leurs musiciens, des privilégiés de la société ont accès aux médias, et possèdent les moyens de louer à perte des salles pour présenter leurs spectacles sans intérêt, où le vacarme des jeunes filles et jeunes garçons en chaleur concurrence l'incapacité musicale béante des musiciens sur la scène. Ils enregistrent des disques, dans des homes studio de fortune, dans leur cuisine, avec deux microphones et un ordinateur. À l'exportation dans les Caraïbes et dans la diaspora haïtienne qui représentent plus de quatre-vingt-dix pour cent du marché du disque haïtien, leurs autoproductions de qualité médiocre, ne parviennent même pas jusqu'aux bacs des magasins spécialisés. Tels que ceux de la place de Paris, représentant pourtant, l'un des plus grands points de vente de la musique haïtienne.

Beaucoup de ces groupes : Papash, Skandal, Vag, Kajou, Panik, etc. qui ont vu le jour durant cette période, brûlent comme des feux de paille. Pour certains d'entre eux, l'aventure n'a duré que le temps d'un disque, voire d'une chanson. Et pour d'autres, après une traversée des terres arides où la vie ne chante pas pour les chanteurs à la voix fluette, le retour au konpa s'est opéré avec un zeste de zouk. Ils chantent les cœurs brisés, et appelleront plus tard leur style : *konpa-love*. Un style de konpa d'influence *zouk-love*, clament-ils, mais il s'agit plutôt d'un retour sournois des *zoukeurs* au konpa original. Nous nous retrouvons donc devant un niveau d'intrication, laissant comprendre aisément qu'il ne s'agit pour les uns comme pour les autres, que de divers styles d'interprétation, d'un seul et unique rythme, celui de Nemours Jean-Baptiste : le konpadirèk. C'est dans cette mouvance que Michel Martelly, ses deux compères et leurs machines, débarquent dans le paysage musical haïtien. Ils annoncent d'emblée les couleurs en entonnant un chœur onomatopéique : « Ou la la », invitant à la fête et à une ambiance chaude. Puis ils ont enchaîné avec un disque au titre sans équivoque : « *Anba rad la* » (sous la jupe, sous la robe). La pochette est explicite, le ton est donné. Et tout en restant avec les yeux rivés sous les jupes des femmes, Martelly va garder le haut de l'affiche, jusqu'à son élection présidentielle.

Mizik-rasin

Certains musiciens ont compris que la *nouveljenerasion*, était une coquille vide, un lambi troué de partout, et qu'elle était donc inapte à produire du bon son, de la vraie musique. Elle était certainement vouée à l'échec à court terme. Ces musiciens n'étaient pas mieux armés musicalement, mais pendant que le konpadirèk se retrouvait encore au fond du gouffre, ils ont compris qu'ils pouvaient tirer leur épingle du jeu. Ils ont essayé de proposer une autre musique, en lieu et en place de celle que proposait la *nouveljenerasion* et qui s'était promptement enlisée dans la niaiserie. Malgré toute la promotion dont elle bénéficiait, elle ne rencontrait pas l'adhésion d'un large public, et par conséquent ne trouvait point d'issues commerciales. Alors ces musiciens vont emprunter un autre chemin, en se contentant de revisiter la musique ancestrale du pays. Sur fond de crise politico-sociale, identitaire et culturelle, ils ont choisi de retourner à la source, et de plonger profondément dans les racines musicales haïtiennes, dans le vaudou. Ils appellent leur musique : *mizik-rasin* (la musique issue des racines) ou tout simplement *rasin*. À l'instar du groupe « Jazz des jeunes » qui, dans les années cinquante et soixante, utilisait abondamment les rythmes folkloriques, ils piochent leurs inspirations exclusivement dans le réservoir rythmique de ceux-ci. Rééditant ainsi l'indigénisme, ils ont contribué à une résurgence de la musique folklorique restant moribonde dans les villes. Il est généralement admis qu'avec les musiciens *rasin*, la musique folklorique a vraiment repris de la vigueur sur la scène musicale haïtienne.

Depuis toujours, le folklore tente de se réimplanter dans les villes, mais il n'a jamais su vraiment se créer une place prépondérante dans la capitale ou dans les autres villes de grande importance. Il n'a pu que survivre en dessous des radars, au ras des asphaltes. Avec le courant *mizik-rasin*, la musique vaudoue, le folklore s'élève et étend ses longues branches sur la capitale.

Mais la musique dite *mizik-rasin*, bien que laissant apparaître plus que des similitudes avec la musique ancestrale, reste néanmoins, bien différente de celle-ci en de nombreux points. Et c'est l'une des raisons fondamentales obligeant à opérer une juste séparation entre la musique vaudoue ancestrale et sa progéniture moderne *mizik-rasin*, née dans la capitale. Elles sont nettement différentes dans la structure même des compositions, de l'orchestration et aussi au niveau de leurs publics respectifs. Ne pas les fondre dans un ensemble, permet de distinguer non seulement les moments et les époques, mais aussi les styles et les courants. Des éléments fondamentaux pour comprendre que l'une est le genre, et que l'autre en est une forme. Même si les musiciens du courant *rasin* voulaient que leur musique constituât un genre prônant le nationalisme et l'*haïtianisme* par le biais d'une quête de leur africanité, ils n'ont pas réussi à l'imposer en tant que tel.

Le mouvement *rasin* a explosé avec le groupe Boukman Eksperyans qui s'est présenté pour la première fois au public avec un carnaval corrosif, selon la tradition des *mereng* à caractère sociopolitique. Un titre qu'il est possible de résumer en un chœur à canon qui, lui, est un texte à tiroir codé à la manière des *sanmba* (auteur-compositeur de musique traditionnelle), sur un rythme de *rabôday* que le peuple a dans le sang. Diffusé à un moment où les Haïtiens ont eu l'esprit surchauffé par les conjonctures politiques, le carnaval du groupe va envahir tous les corps de la société haïtienne, comme un poison que l'on aurait injecté dans ses veines.

Les oreilles haïtiennes habituées à une musique locale plus élaborée recherchaient un son qui les sortirait de la monotonie dans laquelle les enfermaient le zouk et la *nouveljenerasyon*. Et La musique du groupe Boukman Eksperyans utilisant la diversité de nos rythmes s'y prêtait bien. Battant le fer pendant qu'il est chaud le groupe sort son premier album autoproduit : « Vodou Adjae ». Les deux mille exemplaires pressés sont vendus en une journée. Record absolu dans un pays où les meilleures productions s'écoulent rarement à cinq mille exemplaires, sur une très longue période.

Un Canadien croit voir dans le groupe Boukman Eksperyans un nouveau The Wailers, et dans la musique *rasin*, la nouvelle musique qui, comme le Reggae, irait à travers les radios envahir les maisons et les boîtes de nuit des grandes capitales du monde. Il décide de manager le groupe qu'il signe chez Mango. Alors tous les espoirs sont permis. Le groupe enfante des petits, et d'autres groupes sortent du bois où ils se cachaient ou bien des tombes où ils étaient enterrés. Les médias du pays accourent. Et la télévision diffuse en boucle les clips colorés des groupes de *mizik-rasin*. Pour couronner le tout, Hollywood fait un clin d'œil assassin à Haïti, dans le film Philadelphia qui traite du SIDA, en intégrant un extrait d'une chanson du groupe Ram dans la bande-son. Le moral des musiciens du mouvement *mizik-rasin*, s'est empli non seulement pour conquérir Haïti, mais toute la planète Terre. Le temps est venu pour eux de prouver au pays et aux musiciens du konpadirèk en particulier sur lesquels ils crachent eux aussi, que la musique de ces derniers n'a aucune valeur, et surtout, qu'elle ne rencontrera jamais le succès à l'international. Et ils n'ont pas hésité à tirer sur l'ambulance transportant le konpadirèk, et à exprimer sans réserve tout le mal qu'ils en pensent dans les médias.

Les musiciens *rasin*, en s'inscrivant à leur insu à la world beat, sont convaincus de trouver la clef qui leur ouvrira toutes les portes des grandes scènes du monde. Et pour bien s'assurer de leur coup, ils calquent leurs danses, leurs gestes, leurs styles et leurs vocalises sur les Jamaïcains, les musiciens du Reggae plus précisément. Ils se font des tresses rasta et adoptent un style vestimentaire reprenant les couleurs du Reggae. Ils ne lésinent pas sur l'électronique, et s'organisent entre familles proches autant que possible. Ils décident de régner sur les ondes et d'occuper les devants de la scène, en éclipsant le konpadirèk et toutes les autres musiques jusque-là existantes.

Mais n'étant pas des virtuoses, ils se produisent en une formule mitigée entre live et playback en programmant une partie des instruments sur des boîtes à rythmes et des synthétiseurs. Ils étaient donc soumis à la machine, ils ne pouvaient ni improviser, ni varier leur jeu pour l'adapter en fonction de la scène, du public et de l'ambiance. Si dans le brouhaha carnavalesque leurs prestations semblaient fonctionner à merveille; dans les autres circonstances les groupes ont peu convaincu. Il est même permis de dire qu'ils étaient décevants sur scène.

Le contrat que le groupe Boukman Eksperyans a signé chez Mango, est rompu au bout de trois disques qui étaient des échecs commerciaux. Et les autres groupes du mouvement sans aide aucune ne pouvaient se faire entendre qu'annuellement, pendant le carnaval. Au fil du temps de moins en moins de produits arrivent sur le marché, puis il n'en sort presque plus rien du tout. La *mizik-rasin* a perdu de l'altitude, et ses adeptes ont retrouvé le calme de l'esprit. Mais il semble que ce mouvement musical ait modifié pour longtemps la teneur de la musique carnavalesque en se fusionnant avec le Hip-hop, et en tuant, le style de *mereng* que pratiquaient encore les groupes de konpadirèk.

Il faut aussi souligner, que malgré le succès incontestable de la *mizik-rasin*, il a subsisté à son égard beaucoup de réticence dans certaines couches de la population. Elles ne l'ont pas mieux accueillie que la musique vaudoue. Et vu que chez ces musiciens, nombre d'éléments renvoient au Reggae, les jeunes ont sûrement préféré s'abreuver à la source. Ils se sont donc rués sur la musique jamaïcaine et par extension sur le Hip-hop qui envahissait les ondes et l'internet naissant. En perte de vitesse dans le reste du monde, le Reggae trouve des relents inattendus en Haïti, où les jeunes le revivent et le portent en cœur, comme s'il s'agissait d'une musique nouvelle et fondamentalement haïtienne.

Hip-hop, reggae, rapbôday.

En effet, l'avènement des musiciens de *mizik-rasin*, a accentué l'influence du reggae sur les jeunes musiciens haïtiens, qui se le sont approprié sournoisement dans les onomatopées qu'ils scandent comme dans les mélodies un brin plagiaires qu'ils composent. Et les musiques, et les danses et les attitudes sur la scène ne laissent aucun doute sur leurs influences et leur quête.

Une bonne partie des jeunes musiciens trouve dans les Bob Marley, Jimmy Cliff, Sean Paul des guides, et aussi une échappatoire à la musique haïtienne. Ils sont persuadés qu'en se délestant de la culture, de la musique, de la langue haïtiennes et en embrassant d'autres styles de musique tels que le Hip-hop, qu'ils se créent l'opportunité d'accéder au marché international.

Dans la mer des Caraïbes, nous ne sommes qu'à quelques encablures de la pointe sud-est des États-Unis. Les ondes de choc des musiques « made in USA » nous touchent toujours de plein fouet. Avec la facilité des communications, le hip-hop a frappé encore plus fort en Haïti. Et le succès phénoménal de ces Américains d'origine haïtienne : les Fugees, formule anglaise argotique pour dire réfugiés, en référence à tous ces Haïtiens, enfermés dans les camps de rétention aux États-Unis, a provoqué une explosion musicale sans précédent en Haïti. Surtout que le leader Wyclef Jean brandissait le drapeau haïtien sur toutes les scènes du monde montrant sa double culture, exposant ses racines même quand elles semblent se diluer dans sa culture américaine, afin que nul n'ignore son origine dont il ne saurait se défaire. Il soulignait ainsi la sève musicale haïtienne coulant dans ses réalisations. Mais les jeunes haïtiens interprètent tout autrement ce geste maintes fois répété. Ils pensent plutôt à un appel à embrasser le hip-hop, à une invitation à cueillir et à manger les fruits d'un arbre en dehors du jardin local.

Bien mieux qu'à l'époque du disco ou du *breakdance*, les faubourgs de la capitale sont à l'heure de la nouvelle tendance musicale américaine : King Posse, Original Rap Staff… Des groupes musicaux formés en bonne partie par de jeunes Haïtiens refoulés des États-Unis d'Amérique auxquels sont adjoints quelques éléments locaux, mais complètement tournés vers la culture hip-hop apportent une touche locale à ces musiques venues de la belle et grande Amérique. Et fiers de leurs réalisations, qu'ils considèrent comme unique vecteur culturel gratifiant, l'alternative à cette chose devant être changée dans le pays, ils cherchent à tout prix à l'imposer comme la nouvelle musique du pays.

L'aspiration au changement que portaient secrètement les Haïtiens a été amplifiée et divulguée au grand jour par les paroles du Pape Jean Paul II qui, lors de sa visite dans le pays, disait qu'*il faut que quelque chose change* ! Une petite phrase à géométrie variable lancée telles les élucubrations d'un gourou manipulateur. Elle a soulevé plus de questions, qu'elle n'a induit de réponse. Il fallait que quelque chose change, mais qu'était-elle cette chose ? S'agissait-il de la dictature ? La condition du peuple, en faisait-elle partie ? Et Haïti devrait-elle renoncer à elle-même ? En effet quelques dizaines d'années plus tard, beaucoup de choses ont changé, mais les changements s'opérant dans tous les sens ont créé énormément de désordre, sans changer l'état réel des choses. Ce bout de phrase papale a été échantillonné dans une musique de rap mal fagotée, mais qui au milieu des années quatre-vingt, a lancé le mouvement en Haïti avec une telle ampleur, qu'il dure encore de nos jours.

Depuis l'arrivée de la radiodiffusion, les musiques de nos voisins occupent par vagues successives l'audience dans le pays. Avant les musiques américaines, il y eut la musique cubaine avec les combos de La Havane, puis nos voisins dominicains, avec le Tipico Cibaneo en tête de file, et en même temps, celle venue de l'ancien continent, en particulier la variété française. Toutes ces musiques importées ont souvent tenu en haleine les Haïtiens, se créant une place de choix dans les grilles de programmation des radios, et se hissant même à la première place de celles diffusées. Ainsi des artistes comme Sheila ou Frédéric François sont longtemps restés des fantasmes en Haïti, alors qu'ils étaient déjà *has been* en France.

À côté de ces musiques étrangères; les musiques haïtiennes et en particulier celles dites populaires ont toujours eu du mal à tenir l'audience, surtout quand celles-là sont nouvelles, ou présentées comme étant à la mode dans les grandes villes d'Amérique ou d'Europe. Il est aisé de ressentir chez le public troublé, une tendance, une facilité à laisser tomber les siennes pour embrasser les autres supposées en tout point supérieures. Les créations locales subissent une ségrégation sociale et culturelle instaurée tacitement par les élites. Elles subissent une dévalorisation systématique par rapport aux musiques venues d'ailleurs, entraînant les musiciens populaires à développer un complexe d'infériorité et un rapport pathologique avec les musiques étrangères, en particulier celles des îles environnantes.

Ces dernières années, malgré tous les efforts de la base, poussant le konpadirèk à reprendre la place dominante dans l'écoute des jeunes, les actions contraires incessantes de tous ces courants musicaux qui ont traversé le pays en moins de deux décennies, ont malheureusement freiné ou du moins considérablement ralenti la marche de la musique populaire. Ils ont fini par détourner l'esprit d'une bonne partie de la jeunesse et ont sapé le moral des troupes du konpa, par un mouvement de fond, caméléon, changeant de forme et de nom, mélangeant pêle-mêle *noueljenerasyon*, *mizik-rasin*, hip-hop, etc. qui est en permanence à l'œuvre.

« L'arme la plus puissante entre les mains de l'oppresseur est l'esprit de l'opprimé », disait Stephen Bantu Biko, en rêvant toujours d'ailleurs, nous avons laissé notre île à l'abandon. Les mauvaises herbes et les oiseaux sauvages ont décidé de l'occuper à notre place. En luttant contre nous-mêmes, contre notre propre nature, nous avons créé un vide dans nos esprits, que n'importe quelle idée comble. Voyons-nous que le phénomène n'est pas réservé uniquement au domaine musical, dans les autres aussi le regard de l'étranger est seul juge. Il conditionne la vie, il sert de jauge à nos valeurs.

Le côté pervers de ce choix sociétal, nous le recevons entier et aujourd'hui même. La création musicale balance entre résistance et quête d'exotisme. Trop de musiciens se perdent, s'égarent par les analyses fausses et biaisées, les critiques aveugles et destructives, la misère et la désolation ambiantes. L'expression musicale malgré ses forces enracinées s'en retrouve souvent brouillée.

Aujourd'hui plus qu'hier, les musiciens sont pris dans la mondialisation, ils pensent colmater les brèches en allant vers n'importe quelle musique que les autres peuples pratiquent. Mais leurs pastiches de Reggae, ou de Jazz peuvent-ils représenter un courant artistique capable de défendre la culture haïtienne sur la scène nationale et internationale ?

Trop nombreux sont les jeunes musiciens qui ont suivi un chemin balisé par des pseudos-critiques dont le but reste et demeure la préservation de leur relation avec la bourgeoisie. Ils rabâchent que le konpadirèk avec ses musiciens et la langue haïtienne, constituent la cause de l'infortune de notre musique à l'exportation, sans pouvoir le démontrer. Aux musiciens évoluant dans une quasi-précarité, ils agitent l'étendard de la carrière musicale internationale, comme on agite une carotte à un âne. Mais leurs émissions de radio et de télévision et leurs articles de presse ne sont que des allégations d'hommes aigris et des interviews de complaisance. Ils ne proposent aucune piste de réflexion véritable. Comment créer des structures pour faciliter une création libre ? Comment rendre viable la profession de musicien, en Haïti ? Leurs discours n'intègrent jamais de telles interrogations. Ils agrémentent leurs critiques de petites histoires cocasses, sans jamais proposer une vraie analyse des causes profondes de la situation désastreuse dans laquelle évoluent les musiciens du pays.

HABEMUS KONPA

Comme si l'histoire se répétait, de nos jours, nous nous retrouvons dans la même situation musicale qu'a connue le pays durant la période englobant les années quarante et le début des années cinquante, où une multitude de rythmes, de styles, de formes musicaux se bousculaient sur la scène musicale haïtienne.

La *mereng* n'avait pas encore baissé les poings, mais elle s'était déjà écartelée, un pied dans les beaux salons et l'autre dans la terre battue des tonnelles délabrées, ouvrant grand le flanc à qui voulait l'éventrer. Le combat pour la première place dans l'esprit et le cœur des mélomanes du pays, surtout ceux de la classe moyenne, opposait le *mereng*ue dominicain aux diverses formes de *mereng*, et à toute la cohorte de musiques traditionnelles. Celles-ci en désordre, malgré leurs forces et leurs puissances d'entraînement, ou peut-être même à cause de cela, ne proposaient point une rivalité équivalente aux musiques des pays voisins, plus précisément celle de la République Dominicaine.

Les compositeurs et arrangeurs haïtiens mélangeaient plusieurs rythmes dans une même œuvre ou en changeaient, en passant d'un titre à un autre. La pratique des nombreux rythmes folkloriques amenés dans les salles de spectacles et les cercles de Port-au-Prince et les divers *mereng* ont fini par placer nos musiciens devant un choix impossible. Ils n'arrivaient pas à privilégier l'un des rythmes, le fortifier, le hisser par rapport aux autres, pour qu'il puisse combattre face aux autres musiques non autochtones.

Tous les chefs d'orchestre manipulaient et expérimentaient tous les rythmes à la fois. Partout sur le pays soufflait un vent de recherche rythmique amplifié par les fréquents frottements des musiciens avec les rythmes folkloriques, qu'a occasionné le mouvement indigéniste. Un rapide coup d'œil sur une pochette d'album d'alors pris au hasard suffit à nous renseigner. À côté des titres, il n'était accordé aucun crédit aux auteurs-compositeurs, alors que le rythme dans lequel s'exécute le morceau de musique était immanquablement indiqué en toutes lettres. Comme si l'information avait une importance supérieure, comme si elle représentait même la raison d'être du titre.

Dans cette quête effrénée d'innovation tous azimuts, les musiciens haïtiens d'alors n'ont pas eu conscience de la surabondance rythmique qu'ils créaient. Selon une étude réalisée par J. P. Sylvio, on dénombre à la fin des années cinquante, plus d'une vingtaine de rythmes pratiqués, en comptant pour un, tout le corpus de rythmes folkloriques. Vouloir digérer toutes ces danses, tous ces rythmes ensemble, sans en privilégier un, a certainement contribué à élargir la connaissance du grand public du patrimoine musical haïtien, tout en le modernisant ; mais l'éventail trop large a aussi entraîné un déséquilibre, reléguant au second plan l'ensemble de nos rythmes. De même qu'aujourd'hui, l'essoufflement rapide du mouvement musical *mizik-rasin*, s'explique en grande partie par la profusion de rythmes utilisés par ces groupes. Elle crée une faiblesse dans le lien étroit existant entre une musique et son public. L'auditoire cherchant toujours un fil conducteur, lui permettant de suivre un artiste et lui facilitant son identification immédiate, ne trouvait rien de spécifique dans la multitude de formes et de rythmes que pratiquaient les groupes. La pratique devenait plutôt pour le public une affaire complexe, un labyrinthe musical où il se perd.

Quand le rythme change continuellement, d'une chanson à une autre, quand le style n'a rien d'homogène, le tout forme un ensemble déroutant.

Donc si la profusion de rythmes apportait de la diversité et de la richesse, dans le sens où différents choix étaient proposés ; elle ne pouvait malheureusement pas servir de référence. Justement étant trop diverse elle a entraîné une carence dans la déclinaison et la variation d'un thème de base pour fidéliser l'auditoire. Au début des années cinquante, au-delà de la quête d'originalité des groupes musicaux, le pays avait donc besoin d'un rythme consensuel, d'une musique réunissant l'unanimité sur le plan national, tant auprès des musiciens que du public. Ce pouvoir, ni la *mereng* séculaire ni la *kontredans* dépassée, les deux rythmes majeurs d'alors, ne semblait le posséder.

C'est dans ce contexte d'effervescence intellectuelle, de créations artistiques diverses, que Nemours Jean-Baptiste a introduit son konpadirèk. Il aurait pu, comme les savants grecs, crier : eurêka ! Car il a trouvé ce que recherchaient tous les musiciens du pays. Il a amené la musique haïtienne d'une période de gestation à celle de la naissance d'un nouveau rythme. Il l'a délivrée. Il l'a sortie du stade de la recherche, de la ronde multi-rythmique où elle tournoyait, en l'inséminant de ce fameux rythme konpa qui intègre tous les éléments nécessaires pour être adopté par tous les Haïtiens. Comprenons donc qu'il s'agit d'une révolution. Il a changé radicalement les données dans la pratique et dans l'objectif de la musique dans le pays, et a provoqué un changement comportemental des diverses entités de la société. A partir de ce moment, un rythme original devenait la raison d'être, et probablement l'unique raison d'existence d'un groupe musical. Toute formation musicale qui se respecte, possédait un rythme propre : kadans kanpa, rythme de feu… souvent confondu avec son style, son identité. Un peu plus tard avec l'essor phénoménal de l'orchestre de Nemours Jean Baptiste et son konpadirèk, le rythme était directement accolé au nom du groupe musical, ou le remplaçait purement et simplement. On va danser le konpadirèk, disait-on pour aller assister à une prestation de l'Orchestre de Nemours Jean Baptiste. Ou encore, on est fan de konpadirèk… Mais depuis l'avènement des *minidjaz*, il est devenu la musique populaire, le rythme de référence nationale, et se présente aujourd'hui encore, comme à ses débuts, en tant que défenseur de la musique haïtienne.

Nemours Jean-Baptiste : Un créateur parmi nous.

Il ne s'agit pas d'une histoire comparable à celle de Cendrillon ni à celle de Dupont de Nemours, mais sa vie est, comme pour la grande majorité des musiciens haïtiens, un vrai conte de fées. Et parmi tous, le sien est sans nul doute le plus abouti. Une vie où le rêve, la réalité, la magie, le travail se mélangent pour créer de l'audible, du tangible. Pour donner à une nation une unité musicale, dans laquelle elle se reconnaît pleine et entière. Une vie transformant un jeune saxophoniste en une icône, en un mythe.

Dans la tête des plus grands maîtres musiciens du pays dansait le rêve d'un rythme plein de couleurs, plein de chaleur, de bonnes vibrations et de sensations. Un rythme dont les caractéristiques se confondraient avec ceux de l'Haïtien. Mais il est advenu que c'est un « petit » musicien, un maestro de musique populaire, habitant les bas quartiers de Port-au-Prince qui l'a couché sur ses partitions. Et il a eu l'audace d'en assumer la paternité devant le monde entier.

Il s'agit déjà d'une prouesse de sortir de l'impasse qu'est Lakou Labissière : un des nombreux culs-de-sac composant la vaste zone de Bel-Air, où NJB a pris naissance. Donc il a réalisé un énorme exploit en réussissant à passer par-dessus de tant de barrières et arriver à toucher la nation dans ses strates les plus hautes comme les plus basses. Ayant grandi dans un des quartiers les plus représentatifs de l'échec social national, et parvenant à accrocher son nom, à côté de ceux des plus grands hommes du pays constitue une réussite exceptionnelle et un exemple pour les milliers de jeunes vivant dans les bas-fonds du pays. En effet, enfant de Bel-Air, rien au début de sa vie ne le préfigurait à devenir une figure nationale. Dans ces quartiers défavorisés, les perspectives sont réduites. D'ordinaire, les jeunes n'ont d'avenir que dans les métiers manuels et anonymes : la couture, la coiffure, la cordonnerie, par lesquelles justement Nemours est passé, avant de se consacrer entièrement à la musique. Comme les autres jeunes, il était destiné à grossir les masses toujours oubliées par les politiciens, les décideurs du pays.

Bel-Air n'a que le nom de beau. Il ne montre rien de chic et rien de luxueux comme les zones boisées et fraîches, perchées au-dessus de la capitale. Ici, avant l'avènement de Cité Soleil, qui n'est autre qu'un prolongement, un long écho de Bel-Air par la zone de Saint-Martin, s'amassait l'un des plus grands regroupements de lumpenprolétariats, et de chômeurs. Dans le temps, le quartier était connu pour ses habitants bagarreurs n'ayant peur d'aucun danger. Dans les manifestations antigouvernementales, ils formaient le rouleau compresseur. On les appelait communément : *vakabon Bèlè* (voyous du Bel Air). Un nom qui était devenu une marque, comme celle de la bête. Certains se réclamaient du quartier pour faire peur, pour montrer qu'ils sont capables de tout ; mais d'autres par honte le cachaient. La zone était connue aussi pour son fameux groupe musical

Otofonik. À cette époque, Port-au-Prince et ses environs formaient déjà une grande ville, quand le Cap, les Cayes et Jérémie n'étaient encore que des grands bourgs. Selon Roger Gaillard : « … Depuis 1915 Port-au-Prince avait déjà débordé ses limites… Au-delà de ses deux portails, celui de Léogâne au sud, et celui de Saint-Joseph au nord… » Aujourd'hui, il n'y a aucune discontinuité de Mariani jusqu'au-delà de Bon Repos, et Bel-Air semble avoir tout submergé.

Nemours a donc grandi dans une ville en pleine et rapide expansion, tant au niveau de la population, que du territoire. Son enfance correspond à l'époque de l'occupation américaine, l'arrivée de la radio, et sa belle jeunesse musicale à celle du bicentenaire de la ville de Port-au-Prince quand de grands travaux d'infrastructures sont entrepris pour embellir le littoral de la capitale.

Les Haïtiens s'enorgueillissaient de ces grandes et belles réalisations de la ville. Elles ont dû marquer les esprits et sûrement celui de NJB. Ce qui tend à expliquer qu'il a qualifié sa musique de *kapitalis* (Capitaliste). Comprendre par cette expression complètement dénaturée ou plutôt adaptée à l'Haïtien, une musique s'adressant aux jeunes gens aisés vivant dans la capitale.

Pourtant, NJB lui ne faisait pas partie de la classe économique supérieure. Il ne possédait que son talent de musicien. Mais justement, le talent n'a besoin de presque rien pour s'exprimer. Surtout les nôtres. Ils puisent leurs inspirations dans le vide qui remplit les yeux des hommes du pays. Nemours n'a fréquenté une école de musique qu'accessoirement. Il n'a pas étudié le contrepoint. Il a plutôt beaucoup appris sur le tas, en se frottant aux angles. En côtoyant d'autres musiciens, ils lui ont transmis les bases et les techniques de divers instruments qu'il a apprivoisés, au point d'en devenir virtuose. Les historiens nous apprennent que Nemours a été membre d'une chorale, qu'il jouait au banjo dans un trio, à la guitare dans un autre groupe et qu'il connaissait parfaitement la clarinette. Tout ceci est arrivé avant que nous le découvrions saxophoniste, maestro et superstar soufflant ses airs sur tout Haïti, et au-delà.

En somme, il montrait un grand amour pour la musique et une polyvalence instrumentale exceptionnelle, d'où sûrement lui sont venus, son goût pour l'orchestration, pour l'innovation et ses qualités de chef d'orchestre. Sans qu'il ait besoin d'avoir la maîtrise d'un instrument, il pouvait deviner son jeu, son rôle, son apport à l'orchestre. Il pressentait les effets que produirait tel instrument dans ses musiques et aussi dans le cœur des mélomanes. Il comprenait très vite leur portée, je crois qu'il les entendait avant qu'ils jouent. Il a dû parfois lutter contre ses musiciens, incapables dans les premiers temps d'appréhender ses idées, tellement novatrices. Des musiciens de Nemours témoignent qu'il a dû utiliser tout son poids de maestro pour introduire une guitare électrique dans l'orchestre. Certains musiciens la jugeaient inutile ; et d'autres la trouvaient même dérangeante. Il a dû aussi tenir tête à la bourgeoisie artificieuse, et aux élites statiques et pusillanimes refusant le changement musical et la nouveauté rythmique apportés par un enfant du peuple.

NJB était un rebelle, il n'acceptait pas les diktats de la société, et se dressait contre l'invasion de la musique importée. Un jeune musicien novateur qui a tenu tête au grand orchestre Jazz des Jeunes et son maestro Antal Murat qui se croyaient seuls dépositaires de la culture musicale nationale. Un homme fier, qui a créé son Super Ensemble éponyme capable de rivaliser avec ceux des pays environnants et du reste du monde. Le légendaire guitariste Robert Martino se souvient de NJB, et parle de son admiration pour la star qu'était ce saxophoniste, ce grand chef d'orchestre. Il décrit un homme de « grande prestance, ayant sur scène une présence, un rayonnement hors du commun ». Et ses dires peuvent être corroborés de façon indiscutable par les photos illustrant les jaquettes toujours brillamment scénarisées, de ses disques. Il posait en footballeur avec coupe et saxophone. D'autres fois, il se montre, aux bras d'une *grimèl* (femme au teint clair) de préférence, ou bien droit devant ses musiciens, la tête haute, bien haute, et toujours élégamment vêtu en costume d'homme et cravate avec des lunettes noires à la Matrix… Il devançait nettement son temps. C'est sans doute la première grande star de la musique haïtienne. Et l'on aura attendu longtemps, avant de voir arriver dans la musique populaire des vedettes de son envergure, tels qu'Antoine Rossini Jean-Baptiste dit Ti-Manno, ou Gracia Delva.

En plus d'être un grand musicien, un meneur d'hommes, un leader, il convient de reconnaître à Nemours sa qualité d'observateur social à l'œil aiguisé. Ses choix prouvent qu'il agissait avec beaucoup de lucidité et recherchait clairement un impact social à travers ses créations. Sa ténacité démontre qu'il avait un objectif bien défini, un point de mire, une visée claire. En s'appropriant le mot « *konpa* » pour nommer sa nouvelle musique, il a réalisé un grand coup de marketing. Ce mot est généralement employé pour exprimer ce qui est dans le bon ton, pour parler d'une personne s'habillant bien, ayant le pouvoir et la réussite avec lui. Quelqu'un qui est au top, qui mène la danse. Accolé à l'adjectif *dirèk* (sans détour), le terme parle alors directement à la fierté haïtienne. Nemours est donc allé au sensible même de l'Haïtien.

Pendant plus d'une vingtaine d'années, il a officié dans toutes les grandes places à la mode du pays et dans les communautés haïtiennes d'ailleurs, avant de laisser la place aux jeunes générations qui en reprenant le rythme ont tué musicalement le père Nemours, que la société s'est empressée d'oublier.

Mais si ses créations ne l'ont pas emmené loin du Bel-Air, elles lui ont ouvert les portes du cœur de l'homme haïtien. En inscrivant son rythme konpadirèk à l'encre indélébile sur la belle partition de la musique éternelle d'Haïti, Nemours n'a pas seulement modifié durablement la musique de l'île, mais il a aussi influencé pour longtemps la société haïtienne et l'art musical dans les Caraïbes. Il a ainsi inscrit son nom en lettres de feu sur tous ces gros cailloux que les volcans des profondeurs de l'Atlantique ont éjectés dans la mer des Caraïbes, des Bahamas à Trinidad-Tobago, en passant par la Martinique et la Guadeloupe, débordant sur le sud du continent américain, et par-delà les océans sur le continent africain.

Et pourtant, comme la plupart des musiciens haïtiens n'ayant pas su se reconvertir professionnellement à temps, il a connu une fin de vie difficile, aveugle dans le quartier de Martissant, non loin de l'endroit où il a créé et peaufiné le konpadirèk. Certes sa vie n'a pas eu la même issue que Lumane Casimir ou Ti Paris, deux grandes vedettes de la musique haïtienne dont la fin de carrière fut peu glorieuse, mais il a vécu ses derniers jours loin de l'opulence, à la limite de la convenance, pendant que tout le monde profitait et profite encore de nos jours de son travail, de sa création.

Certains dans le pays oublieraient la date de sa mort, ou même qu'il a vécu. D'autres minimisent encore sa création, tout son travail, tout son apport, et souvent même le lui reprochent, quand il n'en est pas tout simplement dépossédé. Dans le « Diksyonè Kreyòl » (Dictionnaire créole) de Fekyè Vilsen et de Mod Etelou, la paternité du rythme konpadirèk que jouent les *minidjaz*, est attribuée plutôt à un autre saxophoniste ! Jacques Siron, lui, dans son « Dictionnaire des mots de la musique » définit le Konpadirèk comme une musique des années cinquante, qui a été inspirée par le zouk ! Et malheureusement, ils ne sont pas seuls dans leurs délires. Quand on se penche sur la littérature consacrée à la musique haïtienne, il est saisissant de voir combien elle diffère de la réalité. Comme si elle cherchait à entraîner les lecteurs loin de la vérité. Les auteurs publient un grand volume de livre à propos de nombre de musiques et de rythmes en Haïti, mais très peu concernant ceux que la grande majorité des habitants écoute et affectionne réellement. Les choix des sujets sont arbitraires, et souvent musicologues, historiens, sociologues, etc. font impasse allègrement sur la musique la plus populaire dans le pays, durant ces cinquante dernières années. Trop souvent, trop d'auteurs par ignorance ou par choix personnel ne se sont pas intéressés au rythme konpadirèk et encore moins à son créateur. Ceux qui en parlent ne le font souvent que pour le rabaisser. Des articles de magazines reprochent à Nemours d'avoir tué la *mereng*, et pire, d'avoir avec sa création, entraîné la musique haïtienne tout entière au fond du gouffre. Dans les cent disques que Ralph Boncy en collaboration avec Marc G Lubin et Georges Léon Emile, a choisis pour composer la discothèque idéale de la chanson haïtienne, n'y figure aucun disque de Nemours Jean-Baptiste !

Il en résulte bien des carences. Beaucoup de nos jeunes musiciens jouant du konpadirèk, qui en sont même des stars aujourd'hui, n'ont jamais été en contact direct avec la musique de Nemours Jean-Baptiste. Trop nombreux sont les jeunes Haïtiens, musiciens ou non, qui ne connaissent NJB que de nom, et ils ne peuvent citer trois ou même un seul de ses titres. Les stations de radio n'en programment plus du tout, même pas par curiosité. Est-ce une façon de se venger pour la contredanse collée à une société rythmiquement désordonnée, et dont les membres ne savaient ni quoi ni comment danser tous ensemble ?

Le konpadirèk : La « kontredans » signée Nemours

Bien que visionnaire comme je viens de le dire, NJB ne pouvaient pas prévoir toute la portée de sa nouvelle musique, de sa nouvelle danse. Aujourd'hui à la lumière des faits et de l'avis des spécialistes, il apparaît que le konpadirèk a conduit tous les acteurs et observateurs de la musique haïtienne, dans des considérations plus profondes qu'une simple danse, plus loin que les objectifs mercantiles, que les choix, soi-disant commerciaux comme Nemours le chantait. Sa musique est devenue en quelque sorte une trame à travers laquelle, on peut voir l'image réelle du pays, dans sa mutation, dans ses élans d'existence et aussi dans ses contradictions suicidaires. Le konpadirèk projette l'image sonore la plus fidèle des Haïtiens, ceux qui l'aiment et l'adorent, comme ceux qui le détestent et le méprisent. Son rythme original, typique, dès sa création, a propulsé ses contemporains dans une ère musicale nouvelle et une marche conquérante. Et ce n'est pas un hasard si à chaque fois, nous retrouvons tout l'arôme du konpa dans les musiques présentées aujourd'hui comme nouvelles.

Nemours avait compris son époque. Il avait anticipé sur la nôtre et peut-être même sur celle d'après. Il avait compris le double besoin de changement et de cohésion qui s'imposait alors à ses contemporains et encore à nous aujourd'hui. Doté d'un génie créateur il l'a traduit dans son nouveau rythme.

Le pays se modernisait. La ville de Port-au-Prince évoluait rapidement. La mentalité, les mœurs creusaient des fossés entre les habitants de la capitale et ceux des villes de province. NJB a perçu l'exigence et l'urgence d'une musique fédératrice servant de lien, de pont entre les éléments épars de la société. À toutes les danses venant d'ailleurs où les danseurs gesticulaient dans tous les sens, il leur a opposé une contredanse qui est une synthèse de plusieurs rythmes du terroir. Le konpadirèk, plus lent, plus chaloupé que les rythmes de nos alentour, mais plus gai que la *mereng*, est apparu à point, pour donner le bon tempo à la musique dansante haïtienne. Il correspondait exactement au rythme de la vie de la population des villes et des provinces. Et le konpa continue aujourd'hui encore avec les Jbeatz et les autres de s'adapter sur le rythme de la vie en Haïti.

Le konpadirèk est un rythme fondé sur la mesure binaire : 4/4. Son adaptation et son apprentissage sont donc facilités, car il s'agit de la mesure de base de la musique occidentale. Celle qui est la plus naturelle pour nous. Et cela, Nemours l'a sciemment recherché. Pour preuve, il s'en vantait et le chantait en jouant sur le double sens des mots : « *Depi ke-w'konn make pa, w-ap toujou sou konpa* » (dès que vous savez compter le temps, vous pourrez suivre le tempo du konpa). Et sur ce point, tous les violons s'accordent. Mais il faut souligner qu'en réalité, son exécution s'avère beaucoup plus complexe. Il est du ressort du culturel que l'Haïtien, sans trop d'instruction académique, l'exécute à merveille. Tout comme le Scandinave ordinaire joue de la Polka ou n'importe quel Américain ignorant de la théorie musicale, chante ou joue du Jazz.

Le konpadirèk est une réalisation magistrale, une belle mosaïque agrégeant un grand nombre d'éléments rythmiques, de phrasés, d'articulations, de *grooves*, haïtiens. Il est un mélange riche, mais synthétisé par son créateur, afin que son appropriation soit facile et rapide pour tout un chacun. Ainsi, il a pu devenir le rythme fondamental sur lequel on apporte, ou adapte harmonieusement une infinité de variations, d'interprétations.

Nous trouvons dans le konpadirèk des phrases entières du rythme *kongo*, du *kata* du style *banda* et beaucoup d'éléments venus de la *kontredans*. La mélodie, dans sa forme, reste plutôt fidèle à la *mereng*. Et le texte succinct est de la même structure que le chant vaudou, peu développé, prompt au refrain souvent en « *frape reponn* » (chœurs à canon). L'orchestration, l'agencement des instruments sont remarquables, le batteur marque les quatre temps de la mesure avec la grosse caisse, mariée au *kata* de style *Banda* de mesure 5/4 articulée sur la mesure binaire, qu'il réalise sur le charleston. Il s'agit d'une sorte de boucle de seize bits, une suite de double croche où les premier et troisième temps des mesures sont accentués. Les autres éléments rythmiques comme les maracas, un peu oubliés de nos jours complétaient le jeu du charleston. Le tambour lui joue des éléments caractéristiques du rythme *Kongo*, et rejoint pleinement la batterie quand ils marquent les breaks (les rappels). Le tout est consolidé par une percussion inventée de toutes pièces pour le konpadirèk : le gong. Il n'a rien à voir avec son homonyme asiatique. Il s'agit d'un instrument percussif composé d'une cloche à vache et d'un tom basse emmitouflé pour que le son se rapproche de la grosse caisse, tout en restant différent. Il est joué avec un maillet au bout caoutchouté. Son jeu régulier en contretemps avec la batterie subdivise la mesure 4/4 en deux phrasés inégaux de deux temps et demi et d'un temps et demi, marquant fortement la syncope et donnant la cadence chaloupée du konpadirèk. La basse s'aligne sur la grosse caisse dans une marche cadencée créant le lien harmonique entre ces trois instruments de percussion. Tout ceci sert de feu alimentant les *bouyi* (ébullition) de guitares et de claviers, des suites de riffs et d'arpèges donnant l'impression d'entendre le bruit d'un liquide dense en ébullition, d'où son appellation ! C'est la sauce harmonique dans laquelle tout le monde, musicien comme mélomane, trempe un doigt pour s'alimenter. Dans l'orchestre de NJB, dans les premiers moments, la guitare était souvent couplée à l'accordéon jouant essentiellement des riffs de *kontredans*. Dans les deux rythmes, une place prépondérante était réservée à l'accordéon, mais le konpa le faisait dans un style plutôt moderne en supprimant le dialogue accordéon – chant, basique de la *kontredans*, pour le remplacer par une longue plage de solos, où le musicien a tout le loisir d'improviser, de montrer ses talents.

Le rythme avec le temps et la pratique s'est stabilisé et a fini par s'approprier totalement les figures rythmiques et harmoniques empruntées aux rythmes traditionnels qui lui ont servi de modèles. Il devient donc plus difficile dans sa forme actuelle, de le décanter, de séparer clairement les éléments. Mais l'écoute judicieuse du rythme à ses débuts, permet de faire ressortir distinctement les éléments de la musique folklorique l'ayant inspiré. Dans le plus grand tube de NJB, Ti manman Carole, que les critiques considèrent comme la quintessence du konpadirèk, la réalisation la plus parfaite de l'Orchestre de Nemours, tous les riffs de cuivres accompagnant le début du chant, renvoient à la *kontredans* dans leurs rythmiques et dans leurs phrasés.

Bien d'éléments de nos rythmes ancestraux ont été consciemment ou non imbriqués, amalgamés pour créer le nouveau rythme et lui donner son caractère exceptionnel. Il ne saurait en être autrement. Ces musiques nous étant intrinsèques, NJB les porte donc bien dans ses gènes et n'a pu s'empêcher de les utiliser dans sa création. D'autant qu'il ne faut pas oublier que l'indigénisme battait encore son plein en Haïti. Avec le sens d'observation qu'il convient de lui reconnaître et ses grandes qualités de musiciens, le maestro a sûrement, au hasard des rencontres lors de ses nombreux déplacements à la campagne où tous ces rythmes et ces danses sont restés vivaces, capté plein de formules rythmiques, qu'il a ensuite traduites dans sa création. Son travail, son mérite est qu'au lieu d'en faire un patchwork grossier, comme écrire une introduction dans tel rythme pour un titre, composer un refrain dans tel autre, ou de les jouer distinctement comme le faisait par exemple le Jazz des Jeunes, il a su choisir deux ou trois, et les fusionner en un ensemble cohérent, beau et original, capable de plaire au plus grand nombre.

Alors que les musiciens se cherchaient dans diverses interprétations et différentes expérimentations, reprenant à la perfection pleins de rythmes d'ici et d'ailleurs, comme le montre la production musicale que l'époque a laissée derrière elle, NJB a eu l'intelligence de faire évoluer notre *kontredans* en la remixant avec d'autres éléments de notre folklore, tels le *kongo* et le *banda* et ainsi changer radicalement la danse dans le pays.

Contrairement à ce qui est généralement admis, le konpadirèk est l'aboutissement d'un processus plus ou moins long, de plusieurs années de travail, de recherches et d'essais infructueux, de tâtonnements et d'erreurs, de combinaisons mélodiques et rythmiques tous azimuts. K. Duroseau parle de ses nuits de dur labeur pour arriver à un pattern de tambour original qui distingue le konpadirèk. Ce processus me paraît mieux correspondre à ce qui est rapporté, à propos de l'esprit de l'époque, où chacun travaillait dur, s'ingéniait à créer un rythme entraînant et supérieur. Il est possible que les musiciens, eux-mêmes ne se rendaient pas compte de la situation, mais la tendance musicale était totalement centrée sur la recherche d'un nouveau rythme original gagnant.

NJB et son Orchestre ont réussi le grand coup qui leur a mis le vent dans les voiles, mais leur succès a attisé aussi la jalousie de leurs concurrents qui se sont transformés en adversaires haineux. Devenant l'objet de toutes les critiques, Nemours a toujours essayé avec ses humbles moyens de les contrecarrer sur d'autres terrains que celui de la musique. Par exemple il a posé fermement la date du vingt-cinq juillet comme celle de la création du konpadirèk, car en tant que créateur, il se doit au minimum de connaître la date à laquelle il a créé son rythme !

Il est vrai que l'histoire de NJB et du konpadirèk semble sortir du merveilleux, et que la force et le charme de cette musique ont été sûrement décidés tout au-dessus de nous. Il est vrai que le chemin du musicien a été tracé et sa popularité écrite d'avance, mais il reste difficile d'imaginer que la nuit du vingt-quatre juillet, Sainte Cécile ou *Grann* (Grand-mère) Saint-Anne ait visité le maestro, pour lui donner la formule parfaite du konpadirèk. Et qu'il serait tombé du lit le beau matin ensoleillé du vingt-cinq juillet, avec la partition du rythme tatouée en notes d'or dans la paume de sa main ou gravée en noir sur le cuivre de son saxophone, tout en criant à ses musiciens l'attendant dans sa cour : « Habemus konpa ! ». Il aurait pu en être ainsi au pays des mystères, mais malheureusement tout tend à prouver que la date du vingt-cinq juillet de l'année mille neuf cent cinquante-cinq, ne peut correspondre à la vérité. Le rythme devenant le nom de l'orchestre NJB a-t-il mélangé ou confondu les dates de la création du groupe et celle du rythme ? D'autant qu'il est rapporté que ce soir-là du vingt-cinq juillet, l'orchestre s'est surpassé à la place Sainte-Anne, dans l'exécution des nouvelles compositions dans le nouveau rythme konpadirèk, au point que cette prestation reste gravée dans toutes les mémoires.

Le succès de cette nouvelle musique venue de la classe populaire en a hérissé plus d'un : les musiciens jaloux qui auraient voulu que la gloire leur revienne, les commentateurs musicaux soudoyés ou ayant peur de faire offense aux stéréotypes, les politiciens démagogues qui y trouvent un alibi pour expliquer leur échec, les bourgeois stériles et les intellectuels malhonnêtes… Tous, ils méprisent et dénigrent le konpa, une création de la classe jugée inférieure. Par bonheur, et a contrario de la peinture naïve et de la danse folklorique qui, dépendent complètement de la classe aisée et dirigeante du pays, le nouveau rythme n'a eu besoin de l'aide de personne pour inonder le pays. C'est lui qui dicte le tempo.

À l'instar de l'indépendance de la nation, celle qu'affiche le konpadirèk dérange. Le choix de la grande masse populaire d'être elle-même, d'être originale, la liberté d'aller hors des sentiers battus par les élites corrompues, ne sont ni acceptables, ni pardonnables aux yeux des happy few, qui dès lors n'ont qu'une idée, que le konpadirèk cesse de tourner et de mener la danse dans le pays.

Alors tous les moyens sont bons. Certains l'accusent de tuer la belle et intelligente *mereng* qui a bercé tellement de jeunesses. D'autres désinforment, affirmant qu'il s'agit d'une musique inventée par et pour les jeunes riches. D'autres encore prétendent même qu'il a œuvré en faveur de la dictature.

Certes, des musiciens de konpadirèk opportunistes, toujours en quête de promotions sociales et professionnelles ont commis quelques bassesses, mais ce comportement largement répandu dans le pays n'était ni une exclusivité, ni une généralité chez les musiciens de konpa. Ils ne représentaient d'ailleurs qu'un pourcentage négligeable.

Au temps fort de la dictature, pour éviter de subir la violence sans borne des sbires du pouvoir et se protéger des forfaits d'éléments incontrôlables ne répondant d'aucun commandement que celui de prouver à eux-mêmes et aux autres leur toute-puissance, les musiciens devaient à chaque fois qu'ils se retrouvent en présence des officiels du régime, exécuter des chants, de bienvenue, de salutation ou d'honneur. Rien de bien spécifique au rythme konpadirèk que des critiques dans leur malhonnêteté intellectuelle présentent comme argument pour laisser croire que cette nouvelle musique populaire était un des moteurs de la dictature.

D'un autre côté, nous ne pouvons pas nier, ni passer sous silence que les tontons macoutes qui n'étaient pas moins haïtiens que les autres, ont vite pris goût au konpadirèk. Les VSN (Volontaires de la Sécurité Nationale) issus majoritairement de la classe des paysans, de la masse des illettrés, du bas peuple, étaient donc de la même veine populaire et paysanne que le konpa. Mais la comparaison s'arrête à ce point. Les tontons macoutes et les musiciens du konpadirèk ont évolué sous la dictature, en ayant des objectifs divergents, et en prenant des directions opposées. Les premiers cherchant à asseoir le régime de la peur, semaient la division parmi la nation haïtienne, les seconds cherchant l'adhésion d'un large public et la joie de vivre, de chanter, de danser ensemble, travaillaient à unifier le peuple haïtien. Et comme il est curieux qu'il n'ait jamais eu le moindre soupçon à propos du Jazz des Jeunes, dont le chanteur vedette aurait entretenu une relation amoureuse avec une des filles du dictateur.

Le régime dictatorial étiquetait les opposants de *kamoken* (anti-duvaliériste) pour s'en débarrasser définitivement et l'élite appose le sceau de duvaliériste, de macoute, sur tout antagoniste, escomptant le même résultat : en faire un pestiféré. Ceux qui condamnaient la musique de Nemours et fustigeaient les musiciens de konpadirèk, ne se rendaient pas compte qu'ils agissaient dans le sens de quelques-uns, avec les idées desquels, ils étaient pourtant en opposition frontale. Des petits cercles auxquels ils n'étaient et ne seraient jamais admis. Ni au temps de la dictature, ni aujourd'hui, le konpadirèk n'a jamais été un somnifère à la conscience politique. Cette accusation portée par les détracteurs n'est point fondée. Elle ne repose sur aucune réalité. Elle est destinée à orienter les esprits, afin que personne ne découvre tout ce que cette musique apporte au pays.

Le konpadirèk a ajouté de la valeur à l'activité artistique et commerciale. Il a largement et gracieusement contribué à la rendre florissante, en permettant à plus d'un de faire carrière : producteurs, propriétaires de salle de spectacles ou de station de radiodiffusion, animateurs, distributeurs de boissons diverses, propriétaires d'agence de voyages… Et tout ce que le konpadirèk a réalisé, ou permis de réaliser, n'est rien à côté de ce qu'il représente dans la société haïtienne. Il symbolise la victoire de la jeunesse haïtienne qui n'a pas baissé les bras, et qui a mené le juste combat en se créant un rythme, une musique authentique. Et devenant la musique haïtienne la plus écoutée par la population, la plus connue chez les autres peuples, comme ceux des Antilles françaises et néerlandaises : la Martinique, la Dominique…, il devient un représentant, un ambassadeur de notre culture. A l'étranger, il a remporté nombre de victoires au nom du peuple haïtien. Les compositions des groupes de konpadirèk sont souvent reprises en Amérique latine : Colombie, Panama… Elles sont connues et jouées en Afrique, francophone, anglophone et lusophone. Le konpadirèk a influencé grandement les musiques Trinidadienne et Guadeloupéenne. Autant que la musique folklorique est le témoignage vivant de notre histoire, de nos attaches africaines, autant que le konpadirèk est la trame révélatrice de la pensée et de l'évolution de la société haïtienne de ces soixante dernières années.

FAIRE ET VIVRE DE LA MUSIQUE EN HAÏTI

Dans la cohorte de nos musiciens, ceux ayant reçu une formation musicale académique dans une école de musique, dans un conservatoire, ou même de façon informelle de la part d'un professeur de musique confirmé, sont peu nombreux. Ils sont surtout derrière les pupitres des cuivres, ceux pouvant s'enorgueillir d'avoir étudié la musique dans les fanfares scolaires ou militaires.

Le cheminement pour apprendre un instrument de musique, puis pour devenir un musicien professionnel varie très peu. L'aventure commence presque toujours de la façon suivante : le jeune tombe par hasard sur la guitare du voisin, qui est bien heureux d'en posséder une, ou il a accès à l'orgue ou la batterie de l'église que fréquentent ses parents, et avec l'aide d'un aîné, d'un ami, ou parfois même seul, il va apprendre les rudiments de l'instrument. Donc apprenti, il s'adonne à la musique en toute liberté, et souvent en autodidacte, juste en regardant jouer les autres, presque instinctivement, loin de toutes contraintes d'apprentissage académique. Et comme un peu partout ailleurs dans le monde, cela n'empêchera pas qu'à force d'amour et de pratique, moult d'entre eux, deviendront des professionnels confirmés, capables d'interpréter et de réaliser de vrais chefs-d'œuvre. Michel Martelly explique qu'il y avait un piano chez lui, mais qu'il n'avait jamais suivi de cours, et que même la musique l'intéressait peu. Il a commencé à pianoter d'oreilles des mélodies simples, sans connaître les notes. Les notes et les accords, il a tout appris sur le tas avec les musiciens de son groupe. À l'entendre, on comprend bien qu'il s'agit d'un mélange de prédisposition, de désœuvrement et de passion qui l'a amené à la musique professionnelle. Et ce schéma, il est possible de l'appliquer, avec une ou deux petites modifications, à la grande majorité des musiciens œuvrant dans les musiques populaires en Haïti.

De nombreux jeunes à qui ni la société, ni la religion, ni la politique n'offrent rien pour construire leur avenir, s'accrochent à leur instrument de musique qui devient pour eux le meilleur ami, la drogue douce pour soulager leurs souffrances, l'échappatoire à la réalité impie, la bouée de sauvetage, la seule porte de sortie. Ils vont donc s'y accrocher à un point tel, que le monde autour dira qu'à leur naissance, en guise de ciseaux, la sage-femme s'est servie d'une paire de croches pour couper leur cordon ombilical.

Mais si le jeune se cramponne à sa passion, il sait aussi que dans l'industrie musicale haïtienne, le musicien joue sa vie. Au moins une partie d'elle, et certainement la plus belle, les jeunes années où les rêves hantent la réalité. Choisir de mener une carrière musicale revient à prendre un énorme risque sur son avenir.

Pourtant de nos jours, de plus en plus de jeunes rêvent de réussir dans la musique et se laissent happer par le métier. Ils tentent leur chance comme : chanteurs, rappeurs, instrumentistes, DJ... Des anonymes inventent de nouvelles musiques, des styles de danse et de peinture, des modes... Une luxuriante flore de créateurs nourrit l'art du pays. Tous ces artistes rêvent de briller et de vivre de leur art, et d'ailleurs il n'en saurait être autrement. Mais l'art en Haïti, et en particulier la musique n'est qu'un tremplin à une scène éphémère, dans une société qui aime la musique par-dessus tout, mais voulant garder le musicien comme un chiffon de fortune.

Si l'art musical traîne dans les rigoles, participe aux soirées de transe, et détient son ticket d'entrée à la cour présidentielle, l'artiste, lui, est toujours embourbé dans une quête de reconnaissance et de valorisation. Affublé de sa toge de vaurien et de sa couronne de coureur de jupons, il peine à s'élever dans la société. Il n'est accepté nulle part, autrement que pour exécuter ses morceaux de musique, quand il n'existe rien de mieux.

La vie d'un musicien professionnel haïtien se rapproche plus du cauchemar que du rêve. Et les musiciens le chantent. Ils pleurent leurs douleurs, adressent en chanson leurs prières, et s'enragent à juste raison contre la société qui les malmène. Le groupe Tabou Combo a souligné dans un de ses refrains très populaires, les préjugés de la société haïtienne envers ses musiciens : « … Toi tu es musicien, elle (ma fille) ne peut pas te marier ». C'était dans le titre « Et alors ! ». Ansy Dérose qui a toujours recherché la qualité et l'exhaustivité dans sa poésie a oublié de prendre des gants dans la chanson « Roses noires ». Il n'a pas brodé les phrases pour plaindre le sort du musicien, subissant les mêmes préjudices que les Noirs dans le pays : « Je vis dans un pays où l'artiste n'est rien qu'une humble fleur des champs qui pousse sans amour… ». Et lui encore, quelques années plus tard, crie aux frères-musiciens : « Fais-toi payer » dans le titre qui leur est spécialement dédié : « Toi le musicien ».

Le groupe *Zèklè* dans le titre « *Pil ou fas* » (pile ou face) paru dans les années quatre-vingt, a bien résumé la vision que la société s'est forgée concernant les musiciens, ceux du konpadirèk en particulier. Le parolier s'est inspiré de la vie de jeunes dans les années soixante-dix, se laissant tenter par : « l'aventure des *minidjaz* » comme il l'a écrit en dédicace sur la jaquette intérieure, malgré le côté aléatoire de la vie de musicien. Viser une carrière musicale en Haïti, c'est jouer sa vie à pile ou face, chante en substance le refrain. Ça passe ou ça casse. Malheureusement cela finit le plus souvent par casser, surtout quand le musicien ne lâche pas la corde musicale au bon moment, ou ne lui donne pas au moins du mou, en obtenant un diplôme, ou en trouvant un job dans un autre secteur. En terme clair, changer de profession ou mener de front une double carrière.

Le batteur et producteur de musique Richie (Jean Richard Hérard) est conscient et déplore l'image présentant « Les musiciens comme des garnements », que la société s'obstine à leur donner. Et pour les cinquante ans du konpadirèk, il pose sans détour une question rhétorique aux dirigeants du pays : « Monsieur le ministre qu'avez-vous entrepris pour aider le konpadirèk et ses musiciens ? » La réponse est cinglante : rien ! Tout le monde a entendu ces cris, et en particulier M. Martelly qui a toujours évolué au cœur de la profession.

Les musiciens du konpadirèk et ceux des groupes de *rabôday* subissent le mépris, la mésestime, l'arrogance, les préjugés de tout le monde, parfois même de leurs confrères musiciens adeptes d'autres musiques considérées comme supérieures. Ils servent souvent de marchepieds aux hommes politiques et/ou d'affaires du pays. Ils ne sont jamais exempts de dédain, d'affront, qu'ils essayent d'éviter en évoluant en parallèle, en faisant quelques fois, des enjambés, comme un enfant jouant à la marelle, mais ils n'atteignent jamais un quelconque ciel. Ils évoluent comme des stars, des étoiles sans ciel, essayant de voyager toujours plus loin. Ils font les lucioles dans le noir, se disant des étoiles lointaines, avant que leurs rêves d'artistes s'évanouissent dans l'alcool et le désespoir, dans les stupéfiants et l'abandon, dans le mépris et la misère. Acculés par les critiques acerbes à l'égard de leurs productions, perdus par le témoignage de tant de désamour, les musiciens populaires voient souvent leurs rêveries se transformer en cauchemars. En réaction, ils se comportent souvent en mercenaires, se dépêchant de réaliser un coup avant de se retirer. Ou, ils adoptent l'attitude des naufragés, et s'accrochent à n'importe quelle branche immergée se présentant à eux : salsa, jazz, zouk, reggae…, ainsi finissent-ils par accoucher de quelques avatars disgracieux comme le *haïtian-jazz*, le *rapbóday* ou le *konpa-love* croyant ainsi satisfaire les désirs, flatter les oreilles, toucher les esprits des élites du pays. Mais elles, elles n'ont qu'une seule envie : les anéantir. Le pire, il leur arrive même, comme s'ils étaient atteints du syndrome de Stockholm, d'épouser la position des bourreaux et de critiquer le konpa.

Risquer son avenir pour si peu de gloire, de considération, relève de l'insouciance et de l'inconscience et ne peut être l'œuvre que de folles jeunesses. De toutes les façons, il n'est ni souhaitable ni possible de vivre vieux dans la musique haïtienne. En plus des conditions pénibles et difficiles de travail, de prestations sous-payées, le musicien n'a droit à aucune sécurité sociale. Il ne peut ni revendiquer de retraites ni compter sur des droits d'auteur, ou une rente quelconque lui permettant de terminer sa vie dans la dignité. Il est un laissé pour compte.

Quand arrivent ses jours de déclin physique et que le corps ne répond plus, tout le monde ou presque aura oublié l'artiste. Il ne recevra rien d'aucun organisme, ni privé, ni public. Seuls de rares bonnes volontés, des amis, des collègues ayant un minimum de conscience de l'entraide entretiennent avec quelques-uns d'entre eux une solidarité informelle. Les musiciens du Tabou Combo qui versaient volontairement une petite somme à Nemours, entrent dans cette catégorie. Aussi les musiciens de l'Ensemble

Select de Coupé Cloué, accomplissant un geste fraternel envers leurs anciens membres, dont l'âge ne permettait plus de suivre la cadence infernale des soirées dansantes. Remarquons qu'il ne s'agit que de la bonne volonté, d'élan du cœur, mais non de droits.

Martelly devenu président se targue d'aider les artistes. Sa présidence aurait mis en place une allocation à leur intention. Rien de mauvais en soi, mais cette pratique d'un autre temps, possède un côté pervers, et même un peu dégradant pour le musicien. Car elle revêt un caractère paternaliste, et donc infantilise le musicien. Au lieu de permettre à la profession de grandir, elle accentue en l'homme le sentiment d'être un assisté, vivant aux dépens de l'État.

D'autre part, il faut se demander si l'État haïtien possède les moyens de distribuer cette aide. Pendant combien de temps et à combien de musiciens, pourra-t-il l'assurer ? Va-t-il pouvoir aider tous les musiciens à la retraite ? Ou sur quels critères un gouvernement se basera-t-il pour décider que tel musicien peut recevoir une allocation et qu'un autre musicien n'y a pas droit. Avec tous les soubresauts politiques que traverse le pays, est-ce que le prochain gouvernement ne prendra pas une décision contraire ? Beaucoup de questions que soulève le versement d'un subside, et pour lesquelles il faudrait des réponses claires.

Par le passé beaucoup de musiciens ont dû recourir à un autre job leur permettant d'avoir les moyens de subvenir aux besoins quotidiens de leur famille. Un poste obtenu d'un fan, propriétaire de sociétés commerciales, ou directeur dans l'administration publique, ne présentant pas trop de contraintes pour leur laisser le temps de pratiquer en parallèle la musique.

D'autres, pour ne pas mourir dans la précarité, dans le dénuement, après une belle carrière musicale couronnée de succès, ont raccroché leurs instruments et se sont reconvertis dans une autre activité : le commerce, les transports, ou depuis peu la politique.

Il est vrai qu'avec les grands changements qui se sont opérés ces dernières années dans le marché de la musique haïtienne, la situation a globalement évolué. Avant de tuer le marché du disque, le support digital par son coût et sa facilité d'usinage l'avait dans un premier temps boosté, en augmentant la consommation musicale. D'un autre côté, la concurrence et les enchères entre les producteurs s'étant multipliés, ont contribué à une augmentation significative des prix d'acquisition des droits de reproduction mécaniques. Et il en est de même du côté des tourneurs, car un plus large public se déplace dans les concerts, les bals, les festivals. L'ajustement résulte aussi des combats menés par la nouvelle génération pour une rémunération en adéquation avec son travail. Et la diminution drastique du nombre des membres dans les groupes a participé aussi à la revalorisation des rétributions du musicien, incitant même certains artistes futés à se produire en solo, ou à multiplier les jobs en studio. Ceux-ci s'en tirent souvent avec un traitement substantiel, quand les affaires sont florissantes.

Mais malgré l'embellissement découlant de tous ces facteurs, il demeure que le musicien reste peu rémunéré, et qu'il n'est jamais à l'abri, d'un retournement de situation. Son sort reste toujours aléatoire, et la musique haïtienne continue d'être une activité incertaine, fragile ne nourrissant pas toujours l'artiste. La lecture de la page Facebook d'un guitariste haïtien connu et coté invite à la réflexion. Elle affiche une définition dérangeante, traduisant la réalité actuelle du musicien haïtien en ces années deux mille vingt : « Un musicien est quelqu'un qui transporte sur environ 150 km du matériel valant 5 000 dollars, dans une voiture achetée 500 dollars, pour gagner 50 dollars ». Je ne saurais dire s'il s'agit de sa propre réflexion ou non, mais l'affichant sur sa page, il semble qu'il s'en est appropriée. Et l'idée la plus saillante ici, est la régression du numéraire. Elle débute avec les dépenses du musicien et se termine par son gain. Elle n'était pas loin de tomber à cinq dollars ! En d'autres termes d'une bouchée de pain, comme il en est des traitements des musiciens haïtiens depuis Nemours Jean Baptiste.

Donc il convient de relativiser la réussite de quelques musiciens tels que ceux des groupes : Tropicana, Tabou Combo, T-Vice… qui se sont organisés pour vivre dignement de leur art. Ils constituent les exceptions de la règle. Ils sont les seuls, qui semblent transcender le caractère aléatoire inhérent, la précarité intrinsèque à la musique haïtienne, finissant presque toujours par avoir raison des musiciens professionnels, au point de se demander : où se situe la raison qui conduirait à considérer la musique comme une profession en Haïti.

Musicien n'est pas une profession !

La société haïtienne ne reconnaît pas la musique comme une activité professionnelle. L'Etat ne s'en soucie guère et certains musiciens préfèrent parler de vocation. Qui l'aurait cru, au pays de l'art, au pays de la musique en particulier !

Sachant cela, l'observateur sera peu interloqué, par les

inscriptions portées au verso de la pochette du disque de Nemours Jean-Baptiste intitulé : « Mouvement nul ». Il a été publié sous le label Marc Records, entre la fin des années soixante et le début des années soixante-dix, l'époque marquant le début du déclin de l'Orchestre et du style konpadirèk original. À côté de chaque nom de musicien - avant même son instrument respectif - quelqu'un a jugé nécessaire d'inscrire sa profession dans le civil ! Ainsi il est possible d'apprendre que certains musiciens étaient professeurs de musique ou de langue, ethnologues, experts-comptables, électriciens, maçons, ferrailleurs, mécaniciens... Que pouvait signifier sur la couverture d'un disque, la publication de telles informations pour le moins incongrues ?

Je ne connais pas les raisons ayant poussé Nemours, ou quelqu'un de son entourage à le faire, quand généralement les jaquettes des disques ne renseignaient que succinctement sur les titres de l'album, mais de toute évidence, ces indications n'étaient nullement anodines, ou fantaisistes. Elles répondaient sûrement à une exigence. Peut-être celle de montrer à tout le monde que les musiciens de l'orchestre NJB exerçaient d'abord une « vraie profession », qu'ils n'étaient pas des vauriens ne s'adonnant qu'à la musique.

Pour bien comprendre l'idée, il faut savoir que même les plus connus de nos musiciens, peintres, écrivains, de nos créateurs en somme, sont souvent obligés de mener de front une double activité professionnelle pour pouvoir assurer leurs besoins quotidiens. L'écrivain-auteur-compositeur Jean Claude Martineau dit Koralin a soupiré lors d'une interview : « Le créateur haïtien ne peut l'être qu'à mi-temps ». L'activité artistique est un violon d'Ingres, conclut-il. Elle ne peut être qu'une activité secondaire pour des raisons non seulement pécuniaires, mais aussi idéologiques et sociétales. Un grand nombre de musiciens a pris le temps d'acquérir un diplôme dans un autre domaine et s'empresse de le communiquer haut et fort. Car pendant longtemps, surtout au temps des grands orchestres, les plus grands musiciens, ceux que la société haïtienne respectait, et dont elle reconnaissait le statut, étaient ceux ayant aussi décroché un diplôme de médecin, d'avocat ou d'ingénieur. Les musiciens n'ayant que la musique comme profession ne recevaient que peu de considération sociale.

Sachant qu'une telle conception prédomine dans notre société, il est donc permis de présager qu'en intercalant d'autres qualités professionnelles entre le nom et l'instrument respectif de ses musiciens, NJB cherchait à les valoriser socialement. Il prouverait ainsi qu'en dehors de leurs productions musicales, ses excellents musiciens fournissaient d'autres services « utiles et respectables » à la société, et donc méritent de l'estime.

Comprenons-nous bien, malgré la force, la beauté des réalisations des musiciens, le bonheur et la joie qu'elles procurent, malgré le succès que peuvent connaître leurs créations, ils ne sont point traités avec égard que s'ils pratiquent une activité annexe valorisée par la société. En dépit de leur talent exceptionnel de musicien ; le médecin, l'informaticien, ou l'ingénieur civil, touchant un peu à la guitare ou plaquant quelques accords au piano, passe pour un meilleur instrumentiste, un musicien supérieur, et recevra une reconnaissance, une considération de la société, que l'artiste ne connaitra pas. N'est-ce pas regrettable qu'un artiste ne puisse pas rayonner sans un support extérieur à l'art ?

Au fond, en même temps qu'il est adulé, que tout le monde écoute et danse ses musiques dans toutes les fêtes, aime et chante ses chansons à tous les coins de l'île, le musicien est rejeté par notre société qui le regarde comme un raté, un sous-homme. Et les instrumentistes non-lecteurs de musique sont l'objet des pires moqueries. Il n'est pas exagéré de parler de ségrégation, ils ne peuvent accéder à certains cercles sociaux pour se produire, ni intégrer certains groupes musicaux. Seulement sept à dix pour cent des haïtiens pratiquant la musique populaire arrivent grossièrement à déchiffrer une partition, pourtant l'incapacité de lire et d'écrire le solfège est considérée comme la pire des catastrophes. Les mêmes travers, les mêmes stupidités que dans le quotidien du pays sont reproduits dans le domaine musical. Une personne qui n'est pas meilleure en lettres, va rire au nez, et mépriser toute personne ne s'exprimant pas correctement en français. M. Martelly au moment de sa campagne présidentielle s'en est amusé : « Les gens s'étonnent de me voir m'exprimer en français, a-t-il répété à plusieurs reprises dans des interviews, ils ont dû croire que j'étais un inculte ».

Les sociétés de production.

À cause de ces jugements de valeur basés sur des idées pernicieuses, des considérations corrompues conditionnant nos pratiques sociétales, il paraît normal à un grand nombre d'entre nous que les créateurs artistiques soient rémunérés en verres d'alcool, ou qu'ils ne le soient pas du tout. Et constatons, que la société, qui montre si peu d'intérêt pour le métier de musicien, encense les producteurs qui pourtant ne sauraient exister sans les musiciens. Confortés par le regard si injuste de la société envers les musiciens, ceux-là gèrent les œuvres artistiques comme des produits de peu de valeur, des fruits trop mûrs qui ne trouvent pas preneurs et que la poubelle guette. Ils ne s'intéressent qu'aux artistes en vogue, qu'aux groupes en plein succès, et n'investissent jamais à long terme. Ils se montrent même hésitants, devant un musicien qui après une pause dans sa carrière, réaliserait un retour.

Mais quand le producteur n'a aucune considération pour le musicien, pour le créateur, peut-on parler de producteur artistique ? Quand le producteur ne s'intéresse qu'aux produits dont il s'est appropriés pour une bouchée de pain et non aux musiciens, est-il encore permis de parler de producteur musical ?

Aujourd'hui encore, les négociations entre les producteurs et les artistes se réalisent généralement à partir du *master*, prêt à servir à la production des supports commercialisables. Il ne peut pas y avoir de *deal*, ni même des entames de négociation, s'il n'existe pas un *master*. En d'autres termes, il revient à l'artiste ou à son manager de se débrouiller pour financer les journées d'enregistrement et de mixage en studio avant de pouvoir négocier avec un producteur. Et il arrive souvent qu'après avoir assuré tous les frais pour produire la bande de deux pistes stéréo ou de nos jours du disque-compact, l'artiste ne trouve pas preneur parmi les producteurs de la place. Alors paumé avec son œuvre sur les bras, il va forcer la main à un usurier quelconque d'investir dans la fabrication de son album et d'en assurer la commercialisation. Ou il supplie un marchand de n'importe quoi : matériaux de construction, bipeurs, clous, *dous makos* (sucrerie haïtienne), stupéfiants, n'ayant jamais rien eu à voir avec le marché du disque, de produire son album. Et par la magie d'un paquet de dollars que ce dernier avait en réserve, il s'octroie le titre de producteur plénipotentiaire. Au bout de trois ou quatre masters achetés pour trois ou quatre miséreux versements par produit, il s'impose en force comme maison de disques, distributeur, label international de musique haïtienne. Si par un heureux hasard, parmi l'un de ces disques, se retrouve un succès, même modeste, il croule alors sous les demandes et les propositions. Soudain il devient un grand producteur ayant le nez fin mais les oreilles obstruées, se targuant de pouvoir flairer le bon produit, la prochaine chanson à la mode. Il achète enfin produits et artistes, même les plus grands, les plus connus. Artistes, managers, animateurs, organisateurs traînent dans son arrière-boutique et scandent son nom ou son enseigne dans les enregistrements et à toutes les prestations. Ceux dont il n'a pas encore la bande, qui ne le connaissent même pas clament aussi son nom à longueur de musique, comme un SOS de musiciens en détresse, car il est en mesure de tout acheter. Ainsi malgré les étiquettes que certains se donnent : Mini Records, Nouveljenerasyon, etc. aucun producteur haïtien ne peut se réclamer d'un style particulier de musique. Tout le monde affiche dans leur listing de produits, tout et n'importe quoi. D'autant que les artistes, sans se soucier de la qualité de travail que peut apporter un label discographique, changent de maison de production en fonction du plus offrant ou des humeurs.

Dépourvus de toute idée de production artistique, de marketing, de business, ces producteurs seuls dans leurs boutiques n'ont jamais pensé au développement d'un marché de la musique haïtienne. Le manque de vision se trouvant ici et là, l'art haïtien en général n'a jamais su s'organiser pour développer un marché. À l'international les principaux lieux de vente du disque haïtien restent des îlots de consommateurs dispersés dans les Caraïbes, dans les communautés afro-caribéennes d'Amérique du Nord et de deux ou trois pays de l'Europe. Malgré la très bonne vitalité de la création musicale, les Haïtiens n'ont jamais su créer une maison de distribution digne. Et aucun, de nos groupes et artistes, n'a signé un contrat viable chez un major international.

Dans l'ensemble, le marché du disque haïtien est une aberration commerciale. Tous les disques se vendent au même prix, dans le commerce de gros et de détail. Au plus fort de l'ère du disque-compact, les rééditions des vieux albums des années soixante à quatre-vingt se vendaient au même prix que ceux des nouveaux groupes classés en tête dans les hit-parades. L'album d'un groupe vedette travaillant deux mois dans un studio à cinquante dollars l'heure, et celui d'un jeune inconnu bricolant dans la cuisine ou le garage de ses parents, se vendait au prix mythique et unique de dix dollars, peu importe l'offre et la demande. Aucune raison ne l'explique, mais il en était ainsi dans les boutiques de Flatbush Avenue à Brooklyn à New-York et de Biscayne à Miami. Elles étaient en même temps les enseignes, les façades de nos maisons de disques. Exactement, les mêmes travers se sont reproduits dans les Antilles francophones, et à Paris dans les disquaires haïtiens quand ces marchés se sont mis en place au début des années quatre-vingt-dix par des Haïtiens. Ces entrepreneurs ont repris le *business model* bancal de leurs homologues des États-Unis d'Amérique.

À l'intérieur du pays, le marché du disque n'a connu une forme de « développement » qu'à travers la piraterie. Les jeunes du pays n'ayant pas les moyens de s'offrir des compact-discs à dix dollars américains n'ont pas résisté à la tentation si forte de s'offrir de la musique à un prix abordable, à la portée de leurs bourses. Les copies illégales des disques et de musicassettes se sont multipliées et proposées un peu partout dans le pays à des prix dérisoires. Les vendeurs ambulants illicites recevant deux dollars des pirates pour chaque douzaine de copies vendues ont envahi tranquillement les villes et les campagnes. Et advenu au pouvoir, le chanteur président ne s'est pas attaqué au problème.

Bien sûr l'origine du pillage remonte à des années bien antérieures à Michel Martelly, et change souvent de facette pour s'adapter à l'évolution de la société. Aux temps bénis des radiocassettes portatives, les disquaires de la capitale, sans scrupule, proposaient à leurs clients peu fortunés, un enregistrement fait maison des vinyles sur une cassette audio. Puis c'est au tour de Track Master sur le boulevard Jean Jacques Dessalines, la plus grande artère commerçante de la ville, d'officialiser le commerce illicite. Il a transformé la cassette audio en un cadeau du ciel envoyant les musiciens en enfer. Les vinyles ne se vendaient plus au profit des cassettes qui gagnaient toutes les campagnes du pays, dépourvues de tourne-disque. Ensuite, avec des techniciens en son, vendeurs de DAT, un support de très grandes qualités, utilisé comme master par les professionnels, les enregistrements en direct des soirées dansantes devenaient un vrai casse-tête. Un disquaire de Miami a battu tous les records en vendant tous les dimanches un maximum de cassettes audio des soirées de la veille. Et avec le compact-disc et les graveurs, c'est toute la production, comme le dit l'expression à la mode, qui s'est fait manger par des chiens furieux, genre Maddogg, un producteur qui se passait allègrement de toute licence.

Il n'y a pas que la piraterie, d'autres pratiques aussi montrent comment les droits des musiciens sont lésés. Sur la fin des années quatre-vingt-dix, peu d'entreprises haïtiennes rapportaient autant que celles des producteurs de disque. Après avoir acheté des bandes pour une bouchée de pain dans les décennies antérieures, et les avoir exploitées au maximum, en vendant des disques vinyle et des cassettes audio, les producteurs ont exploité à nouveau ces bandes rematricées en digitale. Ils ont vendu encore deux fois plus d'album en version laser sans avoir à reverser un centime aux artistes créateurs alors que certains, dans la phase descendante de leur carrière, et même celle d'après carrière, connaissaient le chômage et la précarité.

L'affaire devenait si lucrative, qu'un producteur revenu dans le business au moment où les disques laser se vendaient comme des petits pains n'ait eu qu'une préoccupation : amasser un maximum de dollars en rééditant les vieilles bandes qui pourrissaient dans son dépôt, ou dormant dans la poussière sous son lit. Il paraît qu'il avait fini par accumuler un million de dollars sur son compte en banque, avant de mourir soudainement.

Beaucoup de producteurs voyant le regain d'intérêt que ressuscite le konpadirèk, ont essayé de faire leur retour dans la production. Ils ont même consenti de substantielles augmentations de prix par rapport à ce qu'ils pratiquaient par le passé, mais sans changer les clauses des contrats. La nouvelle génération de musiciens plus avisée, et ayant vu les aînés se brûlant les doigts, s'est montrée plutôt méfiante et n'a pas répondu aux appels de ces anciens producteurs qui au final ont pris l'exit.

S'il est possible aux autres présidences de se cacher derrière leur ignorance de la problématique, pour le « président du konpa », ainsi que Michel Martelly aime se faire appeler, il s'avère difficile, voire impossible, d'avancer ce genre d'argument. Car il a vécu la situation de l'intérieur. Il aurait été même victime de la piraterie. Pourtant durant les cinq ans qu'a duré son mandat, rien n'a été proposé pour protéger les musiciens des affairistes. Aucun, cadre légal n'a été créé, aucun dispositif de fonctionnement n'a été organisé. Comme pour tout en Haïti, l'État se lave les mains et demande aux citoyens de s'organiser eux-mêmes, en associations ou en syndicats ! Dans la fièvre de constructions ayant suivi la grande démolition engendrée par le séisme, Martelly a construit des hôtels, des viaducs, des aéroports, mais il n'a même pas ébauché le projet de construction d'une salle de spectacle, ou de réhabilitation, par exemple, du Théâtre de Verdure. L'argument selon lequel il serait le président des Haïtiens et non le président des musiciens, n'est pas recevable, car la nation se reconnaît dans le konpadirèk, et cette reconnaissance l'a porté au pouvoir suprême.

Ses deux seules actions politiques en faveur de la musique restent la réalisation de l'école de musique : INAMUH, et la législation discutable pour renforcer le BHDA. Deux entités sous la tutelle du ministère de la Culture et de la Communication, devant gérer les difficultés que rencontrent les musiciens. Mais ces bureaux n'ont jusqu'à présent que très peu d'impact. Il faut dire qu'ils ont été réalisés sans concertation, et semble-t-il, sans réflexion, ni étude préalable.

Lors d'une visite au Venezuela, troublé par un orchestre d'enfants-virtuoses, lecteurs de musique, le président Martelly, sensible à leur talent, s'épanche. Et de ses larmes coule le projet de l'école de musique qu'il initie rapidement. Une transplantation, une copie qui s'intègre mal dans le cadre haïtien. L'école a été implantée dans un lieu retiré au centre de l'île, où les enfants sont des pensionnaires. Elle s'apparente à une résurgence de l'École Centrale qui jadis, répondait à la délinquance juvénile. Cette école avait une vilaine réputation qui a entraîné son abandon puis sa fermeture définitive. La première prestation publique des élèves de l'INAMUH était précipitée, et n'a pas produit les effets escomptés : ni beauté, ni angélisme, ni musicalité. Le spectacle ne ressemblait en rien à ce que le président a vécu à Caracas. C'était une ratée, et le projet est aujourd'hui comme oublié, un peu négligé.

Il aurait été plus judicieux et viendrait tel un acte majeur pour l'avenir de l'art musical du pays, que le ministère de l'Éducation nationale institue des cours de musique obligatoires, partout dans le pays pour former les oreilles et les jugements des futures générations, leur permettant d'acquérir les rudiments du solfège tout en apprenant l'histoire de la musique du pays et du monde. Et s'il devait exister un institut national de musique, il devrait être sous la tutelle de ce ministère. Une petite remarque qui est pourtant de toute importance s'impose : Dans les classes de l'Institut National de Musique d'Haïti, il n'existe ni de classe de tambour, l'instrument national haïtien, ni de classe de piano, l'instrument par excellence, à l'heure où les claviers dominent la musique haïtienne.

Et que dire du fameux Bureau Haïtien des Droits d'Auteur, qui n'a aucune légitimité, et dont les artistes ne comprennent ni le rôle ni le fonctionnement. Ce bureau sans loi, ni force, sous couvert d'œuvrer pour la protection des créateurs, décide de s'octroyer la gestion exclusive et définitive de leurs droits. Ils font du lobbying auprès des députés pour une législation leur accordant des prérogatives sur les droits des créateurs, au lieu d'inciter au vote de lois d'encadrement, de protection des auteurs-compositeurs. Le bureau s'est arrangé avec la complicité des deux chambres : Députés et Sénateurs, où siégeaient des musiciens, pour percevoir un droit, sur toutes les créations intellectuelles et spécialement la musique haïtienne. Que l'on soit membre ou non, que l'œuvre soit d'hier, d'aujourd'hui, ou de demain, il réclame aux tiers utilisateurs, de lui reverser une partie des droits générés par la production des artistes. Il s'agirait là de sa principale occupation. Et il se dresse comme un rempart pour empêcher, avec force de loi, toute initiative des artistes en dehors du BHDA. Restons en droit : l'État, puisque ce bureau agit sous la tutelle du

Ministère de la Culture, en votant une loi pour s'approprier le monopole définitif de la gestion des droits privés et intellectuels des créateurs haïtiens, pose un acte illégal, car selon les conventions internationales se rapportant à la propriété intellectuelle et dont Haïti est signataire, il est interdit d'aliéner un créateur.

Qu'en pensent les auteurs, les compositeurs et les arrangeurs ?

Ces lois n'ont pas soulevé de protestations de la part des musiciens et de leurs entourages car ils n'en sont pas informés. Tout a été rédigé et voté à leur insu. Et il faut aller chercher les explications, dans la vision que depuis toujours la société se forge des musiciens et de la musique. Depuis le cœur de la profession formé par les créateurs jusqu'aux interprètes les moins considérés, tels que les choristes et les tambourineurs, aucun n'est jugé utile à la société ou exerçant une activité générant des revenus réels. La pratique de la musique n'étant pas considérée comme une profession, personne ne s'occupe du bien-être des musiciens, et pire tout le monde accepte l'idée de les déposséder de tout. L'industrie de la musique populaire s'est construite en s'appuyant sur les dénivellements et les dérèglements comportementaux et affairistes de la société. La société civile soutenue par les religieux et les politiques agit librement à l'encontre des musiciens créateurs : auteurs, compositeurs, arrangeurs, qui sont la source, le souffle de la musique.

Et ce système de fonctionnement n'occasionne aucune gêne, ni ne soulève la moindre exaspération. Les stations de radio s'attirent un public et le fidélisent en diffusant les hits des groupes musicaux entre lesquels, elles intercalent des plages publicitaires, mais elles ne pensent jamais à reverser un centime aux musiciens. Les boîtes de nuit avec leurs DJ se procurent un disque, quand elles ne le téléchargent pas gratuitement, et drainent cent mille entrées payantes, sans rien payer pour l'utilisation publique et à des fins commerciales des œuvres des artistes. Les *tap-tap* des villes, et les bus voyageant vers les provinces détendent leurs passagers durant les trajets en diffusant de la musique, les bars, les commerces en font autant pour leurs clients, pour créer et maintenir une ambiance, mais ne payent aucun droit pour les musiques utilisées.

Tout le monde use de la musique. Tout le monde gagne ou veut gagner de l'argent directement ou indirectement avec la musique, mais personne ne pense à rétribuer les musiciens, les créateurs. Au contraire, on veut leur enlever le peu qu'ils retirent de leur travail. Ni les organisateurs de spectacles, ni les animateurs qui souvent, sont eux-mêmes des musiciens amateurs, ni les mélomanes, ni l'État haïtien, ne pensent que les œuvres génèrent naturellement des droits et qu'ils doivent rétribuer les créateurs.

Il n'est donc point difficile de comprendre pourquoi parmi la multitude d'orchestres existants, ou ayant existé par le passé, seules les deux grandes formations du nord du pays, le Septentrional et le Tropicana peuvent se prévaloir d'auteurs-compositeurs, arrangeurs attitrés. Ils sont membres de l'orchestre uniquement en leurs qualités d'auteurs, compositeurs et arrangeurs sans occuper un pupitre d'instrumentiste. Les groupes musicaux ne sont entourés ni de paroliers, ni de compositeurs, ni d'arrangeurs. Les rares noms qu'il est possible d'apercevoir sur des pochettes : Syto Cavé, Dernst Emile, Marcel O Gilles, M.

Desgrottes, Jean Claude Martineau, etc. collaborent plus par amour de l'art, par amitié avec les musiciens, que par l'exercice d'une activité professionnelle. Quand un travail d'arrangements ou de composition est réalisé par une personne extérieure au groupe d'instrumentistes, la « rémunération » est souvent constituée d'avantages en nature : entrée gratuite, voyage avec le groupe… Les auteurs-compositeurs-arrangeurs n'ont aucun intéressement sous forme de royalties ou autres. Il arrive même qu'il leur soit réclamé d'acquitter le billet d'entrée à un spectacle, où leurs œuvres sont interprétées sans aucune contrepartie.

Paradoxalement, il semble que l'une des causes de la banalisation et de la dévalorisation systématique des œuvres artistiques, tiendrait avant tout de leur profusion, de la facilité avec laquelle les auteurs-compositeurs les créent. Les utilisateurs les comparent aux champignons et aux *tritri* (minuscules crevettes pêchées en grand nombre au tamis), quand la quantité, la diversité devrait plutôt inspirer l'idée de l'édition musicale, susciter de vrais entourages juridiques pour encadrer et gérer cette abondante production.

Il est vrai que l'approche libre et instinctive de la musique en dehors de tout cadre formel et la désinvolture des *sanmba* (créateurs) n'ont pas aidé à l'émergence d'un entourage protecteur, pouvant s'opposer aux pratiques destructrices de la société à l'encontre des musiciens. Hier encore, les auteurs-compositeurs, et encore moins les arrangeurs ne revendiquaient pas la paternité de leurs créations. Sur les pochettes des albums, aucun crédit n'était accordé aux musiciens. L'omission des noms des signataires montre sans équivoque le peu de valeur accordé aux créateurs. Aujourd'hui encore, à l'heure où l'informatique a fondamentalement révolutionné la musique et sa commercialisation, le milieu musical haïtien ignore encore totalement la notion d'édition. Et il advient que des fonctionnaires influencent les législateurs pour rendre légaux des agissements malhonnêtes. Ils dressent un écran de fumée, en brandissant la bannière de protection de droits d'auteur, que souvent les artistes ne réclament même pas. Dans des sociétés de gestion de droits d'auteur, telle que la SACEM, des producteurs haïtiens sans scrupule, s'approprient totalement des droits générés par les œuvres d'artistes haïtiens, sans que ces derniers en soient même informés, voire rétribués. Et filous, ils inscrivent aussi leurs descendants qui jouissent des droits des artistes pendant que ceux-ci et leurs ayants droit triment pour survivre.

L'histoire de la mélodie de « *Choucoune* » composée par Michel Mauléart Monton sur le poème d'Oswald Durand devrait attirer l'attention de nos dirigeants, de nos têtes pensantes, leur montrer la voie. Elle devrait éveiller les consciences des musiciens et de leurs entourages immédiats. Car la chanson en traversant les mers a changé de titre et d'auteur-compositeur. Elle serait devenue « *Yellow bird* » avec la signature d'Harry Belafonte.

Plus près de nous, nous avons vécu l'imbroglio entre deux groupes de *mizik-rasin*, revendiquant la paternité d'une même composition musicale. Les signataires étaient différents d'un disque à l'autre, sans que ni les uns ni les autres ne fussent en mesure de prouver l'antériorité de leur création. Ces exemples pris au hasard permettent de comprendre la nécessité périlleuse d'instance régulatrice de l'utilisation et de l'exploitation des œuvres artistiques et de la protection de la propriété intellectuelle.

À moins de vouloir en finir avec la production artistique, nous ne pouvons pas poursuivre dans l'affaiblissement sans répit des créateurs, la matière grise de l'art. Nous ne pouvons pas les contraindre à rester dans l'ombre et la précarité, quand les succès qu'ils créent les invitent à la lumière. Pour la pérennité de notre culture, et pour le bien de nos créateurs, nous devons, de toute notre force, combattre l'idée et la pratique de dévalorisation et de spoliation des artistes.

Ici le rôle de l'État me paraît primordial. Il doit créer un cadre national incluant tout de même la diaspora haïtienne, pour faciliter l'évolution et l'épanouissement des musiciens haïtiens. Aux ministres, aux parlementaires de faire des propositions dans cette optique, de prendre des dispositions légales pour l'émergence de structures pérennes afin que les musiciens professionnels eux-mêmes par leurs travaux, leurs créations, leurs apports de valeur à la culture génèrent les ressources nécessaires et suffisantes pour leurs besoins personnels et familiaux. C'est ce à quoi l'État doit s'attacher, et non à des aides sporadiques, comme celles octroyées aux moments carnavalesques. La musique n'est pas diffusée seulement pendant les trois jours gras, elle est consommée tous les jours de l'année et partout dans le pays. Les musiciens œuvrant professionnellement doivent pouvoir vivre décemment de la musique qu'ils produisent, et les auteurs, les compositeurs, les arrangeurs, dignement de leurs œuvres créées. Ils doivent recevoir un prix honnête marquant le respect, et exprimant l'amour et la gratitude de la société pour ses fils musiciens. Ainsi seulement la profession sera aidée et le musicien deviendra alors un homme utile à la société qui le lui rendra bien, par une juste valorisation de son travail.

Tambourine tant que tu peux.

Il faut se rendre compte que le manque de considération tue littéralement notre patrimoine, nos arts, et nous conduit à perdre le sens de nos valeurs. Nos frères et nos sœurs-artistes en meurent. Prenons le cas du tambourineur qui représente le maillon faible de la chaîne musicale, ainsi nous pourrons vérifier aisément sa solidité, jauger de la grandeur de notre amour pour les musiciens et plus largement envers nos semblables.

Les percussionnistes : les tambourineurs et les *gongis* dans la quasi-totalité des cas viennent des familles les plus modestes du fin fond de nos campagnes. Leur art, leur talent devraient les sortir de leur vie morne, mais les tambourineurs et leurs instruments ne pèsent pas lourd dans la balance sociétale. On peut tout de même citer trois ou quatre qui se sont démarqués : Raymond Baillergeau dit Ti Roro - Il faut souligner ici le diminutif « *ti* » (petit) placé devant le surnom - un grand maître tambour étudié dans les universités américaines. Et dans une moindre mesure le talentueux Labe du fameux groupe Otofonik, ou Grap du groupe *Grap plezi* (Plaisir en grappe, à profusion), ou encore Arthur de l'Orchestre Septentrional qui, une fois, s'est payé un solo dans un titre chantant combien nous Haïtiens, nous aimons l'instrument tambour et qu'il est en interaction incessante avec chacun de nous.

Mais malgré tout l'amour que montre l'Haïtien pour la musique, il répugne à être tambourineur, même dans les groupes folkloriques, car il peut tambouriner comme un beau diable, le monde haïtien restera sourd à son talent. Oui, quelques-uns, à force de se surpasser, de produire une musique irrésistible et dansante, ont fini par capter l'attention d'un public. Mais dans la multitude des tambourineurs des groupes *rasin*, seul Azor a pu se démarquer, en prenant le micro et en formant son groupe. Il possédait aussi une sacrée voix, qui à elle seule était capable de recréer dans une salle de concert l'ambiance, l'atmosphère transcendantale des cérémonies vaudoues ; mais par malheur, il s'est éteint prématurément.

Dans le konpadirèk, il existe peu de noms sur la liste. Le jeune Pierrot Kersaint fut le premier qui, après avoir connu la vie de tambourineur dans des groupes musicaux comme le DP Express, Macho Plus, a formé son propre groupe le Gamma Express, qu'il dirigeait musicalement, pour montrer, disait-il, que le tambourineur pouvait avoir les qualités d'un chef d'orchestre. Mais est-ce une malédiction ? Lui aussi, est parti de ce monde à un jeune âge. De nos jours évolue l'exceptionnel Shabba. Derrière ses tambours et son micro de chœur, harangue la foule, supplantant même le chanteur et les autres instrumentistes, jusqu'à devenir la figure de proue du groupe Djakout Mizik, avant de créer son propre groupe.

On pourrait encore citer quelques-uns pour rendre cette liste exhaustive, mais en plus de deux siècles de production musicale de toutes sortes, les quelques noms de tambourineurs vedettes marquant notre musique forment une liste succincte. Ne croyez pas qu'ils sont peu nombreux dans la musique haïtienne, ou dénués de talent. Non, ils sont partout où la musique haïtienne est produite, et dans presque la quasi-totalité des cas, ce sont des musiciens hors pair. Mais ils restent transparents et inaudibles aux yeux et aux oreilles du grand public.

Sur les scènes aussi bien que dans les livres où l'histoire de la musique haïtienne est contée, le tambourineur n'occupe pas une place prépondérante. Ed R. Sainvill qui a répertorié le plus grand nombre de musiciens haïtiens pour constituer une sorte dedictionnaire encyclopédique de noms propres, au titre fracassant de « Tambours frappés, Haïtiens campés » n'a consacré qu'une dizaine de pages des cinq cent soixante que compte son livre, pour évoquer brièvement une petite dizaine de tambourineurs.

Constantin Dumerve lui, dans son livre, en a purement et simplement fait l'impasse sur le sujet. Pour lui, l'histoire de la musique haïtienne n'inclut pas le tambour et les tambourineurs, alors qu'il a répertorié pléthore d'autres instrumentistes : pianistes, fifres, flûtistes, etc. même des plus insignifiants, d'illustres inconnus.

Il faut dire que même parmi les musiciens, les congas sont souvent considérées comme un poste négligeable, de peu d'importance. Il arrive à des groupes en répétition ou sur scène de les confier à une personne lambda passant par là. Le tambourineur est le moins considéré du groupe, l'instrument est toujours laissé au fond de la scène à un type de personne particulière, des provinciaux. Et souvent, en plus de sa prestation musicale, il lui est demandé de ranger le matériel après les soirées, ou d'aller chercher les sandwichs et les boissons pendant les répétitions. Le tambourineur est celui qui n'a rien à dire, rien à revendiquer. Il doit se faire le moins visible possible, caché derrière les autres musiciens. En d'autres temps et d'autres lieux, il lui aurait été demandé de se produire derrière les rideaux. Disons-le sans craindre de se faire contredire, il n'est ni plus, ni moins que le rejeton au sein des groupes et de la musique haïtienne, comme le paysan l'est dans la société. Il est juste toléré, parce que le tambour est indispensable pour mener nos danses, parce qu'il est le pivot de tous nos rythmes, de tous nos styles de musique.

Jusque dans les musiques folkloriques et *mizik-rasin*, qui ne sauraient exister sans les tambours, le tambourineur reste un élément invisible. Le tiers musicien. Le rabaissement systématique du tambourineur et de son instrument découle de la négation globale de l'homme haïtien et de sa culture. Toute la musique qui se veut haïtienne et dont le tambour est une brique de l'ADN, subit les méfaits de ce comportement social dévastateur. Il faut dire que tout ce qui permettrait à l'homme haïtien de s'épanouir rencontre un rejet systématique, et est toujours combattu avec virulence. Le tambourineur n'est pas la seule victime, à un autre niveau, l'assujettissement et la marginalisation des musiciens de konpadirèk en général, découlent aussi, de cette même logique.

La flûte haïtienne, traversière en bois de bambou est bel et bien morte. Elle n'est plus ni jouée ni fabriquée. Les autres instruments endogènes tels les *banbou* et les *vaksin* n'ont jamais pu trouver une place dans la musique moderne du pays. Les tambours ne survivent que par leur universalité et la volonté démontrée des tambourineurs qui ont toujours lutté pour endiguer le mal. Ils transmettent leur savoir, leurs valeurs à de nouvelles générations, et stimulent ainsi des vocations chez les jeunes. Mais jusqu'où arriveront-ils à tenir sans aucune aide ? Combien de temps peut durer une telle situation ?

Pourtant il n'existe rien de plus exceptionnel, de plus beau que ce son rond et puissant, résultant de la rencontre battante de la paume du percussionniste et du cuir tendu, pour concrétiser le rythme dans l'espace, dans le corps et dans l'esprit. Rien de plus fondamental, communicatif que les roulements de tambour appelant aux rassemblements divers : réunions de travail, nuits de bamboches, rencontres politiques, cérémonies religieuses… Rien ne sait mieux nous parler que le tambour, à tel point que le guitariste classique Amos Coulange a cherché à reproduire sa sonorité à partir des cordes de sa guitare. Initiant ainsi un langage classique, chaud et velouté du tambour par la guitare, jusqu'à en faire ses empreintes musicales.

Les Maîtres Tambours avec doigtée, parfois mouillée pour rechercher le gémissement, le son plaintif que produit le frottement du majeur qui glisse sur le cuir, transportent vers des ailleurs inconnus et insoupçonnés les mélomanes initiés et profanes. Ils sont reconnus pour tels et sont demandés pour délivrer le son, la pulsation qui porte instantanément à la danse et la transe. Ils doivent maintenir le rythme par un jeu sans accrocs et tenir la poussée jusqu'à l'ivresse libératoire, qui, après des danses frénétiques ayant duré une bonne partie de la nuit, laisse les corps détendus, allongés sur le sol. Comme si chaque danse était un acte intime où la danseuse se retrouve possédée par l'instrument-tambour, qui connaît bien le langage des sens et de l'âme.

Et comme si l'instrument était royal !

Chaque fois qu'il nous est donné l'occasion, nous ne manquons jamais de gargariser, que le tambour incarne l'âme de la révolution de Saint-Domingue… Nous hurlons toujours sur tous les toits du monde, et dans toutes nos chansons, notre amour pour l'instrument. Nous l'inscrivons sur tous les murs et dans tous les livres. Mais quelle place réservons-nous au tambour dans la société haïtienne ? Le tambour est-il représenté quelque part en dehors du tableau du peintre ou de la carte postale ? Existe-t-il un festival en l'honneur de l'instrument ? Une journée, une date rappelant l'importance du tambour dans l'histoire du pays ? Nos fils étudient-ils l'instrument ? Ont-ils appris à l'aimer ?

Ni festival ni même une fête provinciale en l'honneur de l'instrument roi, dont le son provoque des vibrations dans les cordes sentimentales et historiques de tous les hommes du pays.

A contrario, la société haïtienne éprouve la plus grande honte vis-à-vis du tambour et elle le méprise. La description de la cérémonie du Bois Caïman dans les manuels scolaires ne s'attarde pas sur le rôle joué par l'instrument. Sur sa force, son pouvoir, son rôle central et mobilisateur dans le processus de notre libération de l'esclavage. Il n'est point souligné, sa fonction de communication à distance remplie aux côtés du lambi, au temps du marronnage.

La société n'encourage pas les jeunes au questionnement et à la réflexion sur l'instrument. L'éducation reçue les éloigne de la culture haïtienne, donc ne les conduit pas à développer un amour pour les produits du pays. Au diable *vaksin,,* flûte, *banbou,* tambour ! Ainsi nous effaçons lentement les traces de nos origines, et nous nous coupons de nos racines. L'oubli de nos arts, l'abandon du pays, la mort de notre âme, ne s'éloignent plus de nous. Même quand nos gènes conservent les souvenirs de nos aurores battants, et réclament toujours la rosée africaine, nous risquons dans le temps de perdre tout fil, tout repère avec l'ancestral.

Asôtô, le tambour-géniteur n'est qu'une image pour une carte postale sans verso. Les tambours sont fabriqués au coup par coup par les tambourineurs eux-mêmes. Nous n'avons aucune école, même modeste, d'apprentissage de sa fabrication. Aucun musée n'est dédié à la conservation, à la sauvegarde de sa tradition. Ils sont détournés par les croyants et les artistes-peintres ou sculpteurs pour la décoration de lieux sacrés ou touristiques. Ils sont donc installés dans les temples pour les instants de musiques sacrées, ou sont dressés dans les halls des hôtels et les galeries d'art où les guides promènent les touristes. Il est quelques fois curieux de constater comment la profondeur du sacré peut rejoindre la superficialité touristique.

Dans les villes où vit la classe possédante qui, pour cacher ses failles, cherche plus à paraître qu'à être, les tambours sont jugés et condamnés archaïques, bruyants, non raffinés et surtout diaboliques. Pour cette classe se voulant distinguer et se détachant nettement de l'Haïtien, « …Tout ce qui est authentiquement indigène - langage, mœurs, sentiments, croyances - est suspect et entaché de mauvais goût… », ainsi que l'a écrit Price Mars. Les éléments de notre folklore tel que le tambour, manqueraient donc de finesse et d'élégance pour être appréciés. Ils sont donc systématiquement rejetés, oubliés ou même détruits. L'Américaine Katherine Dunham raconte que des temples, des objets sacrés dont de magnifiques tambours ont été détruits durant le mouvement « *Rejete* » au début des années quarante quand l'église catholique avait organisé une grande chasse au vaudou, et brulait tout objet s'y référant. Et l'instrument est resté maudit jusqu'à récemment par le christianisme même quand dans les Livres Saints, les Psaumes ordonnent de louer l'Éternel avec des tambours…

Dans l'esprit de nombre d'Haïtiens, surtout les citadins de la classe moyenne et supérieure, le rejet de l'instrument trouve un vrai écho, et s'intègre dans la négation ambiante de l'Haïtien. Des personnes au-dessus de tout soupçon semblent suivre l'idée. Nemours Jean Baptiste dans le titre phare « Les trois dangers » sur son huitième album paru sous le label Ibo Records (IBO 127), vante les prouesses de son nouveau rythme, déjà bien accepté par le public. Depuis la photo de la pochette où il s'est mis en scène avec deux musiciens de son orchestre, jusque dans le refrain de la chanson, il partage sa gloire et sa réussite avec ses compères guitariste et accordéoniste : Raymond Gaspard et Richard Duroseau. Les différents publics de l'époque et les générations futures, par l'écoute de cette chanson, garderont les noms de ces trois musiciens exceptionnels comme les stars ayant collaboré à la genèse du rythme konpadirèk. Mais récemment le tambourineur de l'Ensemble Nemours Jean Baptiste, Kreutzer, l'un des frères de la grande famille de musicien les Duroseau, s'est plaint que NJB n'a pas reconnu tout son apport dans la conception et la réalisation du rythme konpadirèk. Et même qu'il aurait dû, oui il ose, lui reconnaître la paternité du rythme ! Ou au moins, en partie.

Dans une certaine mesure, il l'est bien aussi, et peut être même plus que Raymond et Richard, dont les noms sont chantés avec celui de Nemours. Car le pattern joué par le tambourineur sur deux congas est un élément majeur, essentiel dans la formule du rythme. Et quelques soixante ans après sa création, il est toujours repris quasi à l'identique. Les musiciens jusqu'à présent hésitent à la modifier d'une note. Et connaissant le fonctionnement des groupes, en ce qui concerne la création et l'arrangement des titres, il est plus que probable que la partie tambour ne lui a pas été dictée par Nemours et qu'il l'a lui-même mise au point, comme il l'a dit. Si les partitions des cuivres sont toujours écrites par les compositeurs et les arrangeurs, il est extrêmement rare que ces derniers se donnent la peine d'en créer pour les autres instruments comme la guitare, la batterie, et encore moins pour le tambour. Il nous est donc permis de douter que Nemours penserait à écrire un pattern rythmique pour le tambour. Nemours, tout comme les critiques et le public, a-t-il passé sous silence, occulté ou simplement négligé, l'apport d'un tambourineur ?

Encore de nos jours, les critiques qui se donnent la peine de souligner le rôle, ô combien important du tambour, dans le schéma rythmique du konpadirèk, restent rares. Tout au plus, ils se contentent de dire que le rythme est d'ascendance *Kongo*. Et justement, c'est le tambour qui lui apporte les éléments génétiques de la musique *Kongo*, comme nous l'avons vu au chapitre précédent.

LE MUSICIEN DE KONPADIRÈK
UN DJAZMANN À LA FOIS PROPHÈTE ET VAURIEN

À des degrés divers, tous les musiciens professionnels haïtiens subissent l'ostracisme de la société. Un chanteur bien connu, tête d'affiche, auteur de nombreux tubes, discute avec son ami, lui aussi musicien de très grandes pointures, chef d'orchestre bien connu, auteur de nombreux succès, et lui dit : « Nous devons remercier le ciel qu'il existe des foyers de consommateurs de musique haïtienne ailleurs qu'au pays, sinon longtemps déjà, toi et moi, nous serions, tous les deux, des mendiants dans les rues de cette grande ville d'Amérique du Nord ».

Curieusement dans notre Haïti et sa diaspora, amoureuses éperdues de la musique, le musicien n'occupe pas un rôle prépondérant ; pour le moins du monde, il ne trouve place au centre de cet amour. Un paradoxe qui s'officialise quand le statut professionnel n'est pas reconnu au musicien. Il devient alors difficile de saisir la raison qui pousse autant de jeunes, à montrer autant d'intérêts pour la musique. Ils travaillent leur instrument jour et nuit, ils ne vivent que pour un art qui ne leur permet ni de gagner leur vie, ni d'accéder à un réel statut social supérieur. De toute évidence, être *djazmann*, résulte plutôt d'une vocation, d'une profession de foi. Les jeunes acceptent des conditions de vie et de travail difficiles, inhumaines, pourvu qu'ils puissent jouer leur konpadirèk. Certains d'entre eux auraient pu se diriger vers des voies moins aléatoires et nettement plus gratifiantes, mais ils ont choisi d'embrasser la carrière de musicien, comme la mission de leur vie.

Seule consolation, une grande part de la masse friande de musique, a perçu la dimension sacerdotale que revêt le choix d'être *djazmann*, musicien de konpadirèk. Et à l'inverse de la minorité qui dénigre ces musiciens, elle les élève au rang de seigneurs, de chevaliers qui se donnent, se sacrifient pour que vive notre musique. Et elle se constitue en public fidèle, participant régulièrement aux spectacles et aux soirées, se déplaçant partout pour assister aux festivals organisés dans les mégalopoles étrangères, et aux fêtes champêtres, ces grandes messes musicales dans les petites villes de province. Des moments qui au fil des années deviennent des rendez-vous incontournables. Certains d'entre eux, n'hésitent pas à parcourir des centaines de kilomètres, juste pour vivre un moment de performance de leur groupe préféré. Avec ses petits moyens, ce public attachant, essaye de rendre aux musiciens un peu de tout ce qu'ils lui apportent à travers la musique. Et comme pour s'en convaincre, il élève deux ou trois à un niveau supra humain, en leur conférant la dimension de légende, de prophète…

Au pays du surnaturel, il n'y aurait rien d'étonnant d'entendre des prophètes qui chantent ou des chanteurs qui prophétisent. D'ailleurs les *Öungan* (les prêtres du vaudou), sont des solistes, des chefs de chœur patentés. Ils entonnent a cappella les chants rituels, avant que les initiés, les *Öunsikanzo* (adeptes du vaudou ayant atteint un certain niveau dans leur initiation) et l'assistance, les reprennent en chœur, avec l'apport des musiciens percussionnistes et autres, tout comme les pasteurs des nouvelles églises évangéliques le pratiquent aujourd'hui. Mais si des chanteurs sont sciemment appelés prophètes et que des musiciens sont considérés comme des rois, des légendes, il s'agit avant tout pour le public d'exprimer sa compréhension, et sa gratitude. Les estimant supérieurs, il les ennoblie.

Incontestablement, ces mots ont été galvaudés, un peu déviés de leur sens propre. Disons qu'ils ont été *haïtianisés*. Même quand ils restent proches de leurs homonymes français, dont ils sont les pendants, il faut les replacer dans le contexte socioculturel haïtien pour leur donner le sens nouveau, la connotation différente acquise en voyageant du français à l'haïtien. Il est certes possible de discuter ces consécrations, mais de toute évidence, ces titres ne sont attribués ni gratuitement, ni au hasard. Ils ne sont accordés qu'à une pincée de musiciens.

Ajoutons au crédit du public consacrant, le sens étymologique du mot « prophète », en grecque, il signifie : « dire à la place de… ». Et un psaume est un poème accompagné d'une musique, d'une louange, comme le rap ou le slam. Certains chanteurs paroliers semblent remplir largement ces tâches.

Restons aussi lucides, les musiciens ayant reçu ces « fameux sacrements » ne se sont jamais considérés comme des prophètes, au sens propre du terme, ni comme des diseurs de bonne aventure. Le public ne les hisse pas non plus au rang de prophète tel Esaïe de la Bible. En dehors de toutes dimensions religieuses ou mystiques, il faut comprendre ces petites « canonisations », comme un moyen de sortir certains musiciens de la case des vauriens où en particulier les *djazmann* sont entassés. Car ils sont seuls à transcrire les désirs, les peurs, la vie du peuple dans leurs chansons. Ils sont les seuls à donner un écho à leurs malheurs, leurs joies et leurs espérances. Le peuple ne connaît ni Platon, ni Aristote, il n'a jamais eu bruit de Voltaire, Shakespeare, ni Marx que citent à tout bout de champs nos intellectuels pour corroborer leurs propos. Le texte simple et clair des chansons populaires lui sert de support littéraire, ou du moins culturel, où il puise sagesse et réconfort. Dans son quotidien, en lieu et en place d'une belle phase savante, d'une pensée philosophique, importée de la Grèce Antique ou de France, il entonne un refrain, une chanson populaire. Les forces dont il a besoin pour s'accomplir dans la vie de tous les jours, il les puise dans la musique.

Les musiciens du konpadirèk ont été sous la dictature et restent aujourd'hui encore les caisses de résonance d'une prière et d'un désir haïtiens. La prière du peuple qui demande la fin de ses souffrances. L'expression du désir de liberté de jeunes gens se retrouvant face à un avenir de plus en plus obstrué. Les auteurs-compositeurs du pays dans un langage musical codé, savent bien les transcrire dans leurs chansons. Ils possèdent la faculté d'inventer la mélodie belle et entraînante et de produire le rythme insoutenable, capables de transporter ce message sans l'altérer.

En Haïti, derrière les chants à tue-tête et les danses à démonter le corps, se faufilent souvent d'autres idées porteuses d'un message d'un autre ordre. L'Haïtien donne toujours une double lecture des chansons populaires. Et il sépare aisément la part superficielle et la dimension profonde où les messages sociopolitiques et religieux sont inscrits. Il est fréquent d'entendre les expressions : tambour de rassemblement ou danse de guerre.

Contrairement à ce qu'on a tendance à croire, tout en chantant et en dansant, l'Haïtien ouvre grand les oreilles et l'esprit pour capter derrière les mots et à travers les rappels des tambours, les messages subliminaux que délivrent les musiques. Et il ne se contente pas de vibrer corps et âme avec les artistes, avant de leur concéder des titres honorifiques de vedette, de star, de légende ou même de prophète, il procède à une analyse approfondie de leurs créations. Il examine la justesse de leur exécution, et la sincérité des textes et des hommes, pour voir si tout en faisant preuve d'excellence musicale, ils arrivent à porter haut les cris du peuple. Ti Manno est le premier à être hissé au rang de prophète. Il a mis en chanson et amplifié la complainte populaire, au moment où la dictature muselait tout le monde. Et remarquons que le public n'a pas concédé de tel titre à aucun des chefs de file du mouvement *mizik-rasin* s'autoproclamant seuls porteurs de messages à travers leurs musiques.

Car malgré les apparences, ce peuple n'aime pas la gratuité et les faveurs. Il ne sait glorifier que le travail, la réussite dans la sueur et le sang. Et étant de nature égalitaire, il n'aime pas les superstars se plaçant en haut de l'affiche. Même dans les rangs du konpadirèk, le plus grand cortège de musiciens du pays, on ne rencontre que très peu de vedettes. Juste quelques étoiles ici et là sur le large fond de notre bleu musical, quelques chanteurs : Roger Colas, Cubano, Shoubou, Gracia Delva… et trop peu d'instrumentistes. On parle certes des artistes en leurs noms propres, surtout les maestros des groupes : Ernst Menelas, Loubert Chancy, par exemple, de quelques guitaristes hors pair : comme le fameux Toto qui, avec sa guitare, était capable d'arracher des cris de jouissance et de douleurs aux fans, ou André Dadou Pasquet imposant un style distinctif au konpadirèk rien que par son jeu de guitare, des pianistes arrangeurs d'exception : Ansyto Mercier, Nickenson Pridhomme, des batteurs compositeurs tels que Arsène Appolon, Ulrick « Tuco » Bouzi, Richie, mais sans vraiment associer à leur nom ou leur personne une dimension de superstar, voire de prophète. Le public du konpa reconnaît fort bien leurs talents, mais il ne les honore pas comme de superbes vedettes. Le vedettariat, le star-system, lui importe peu. Il faut admettre que le konpadirèk, tel qu'il est pratiqué par les *minidjaz*, ne se prête pas à la starisation. Les groupes sont constitués d'une bonne dizaine de musiciens, qui doivent toujours donner le meilleur d'eux-mêmes. Sur scène, ils sont obligés, soir après soir, de se surpasser. Car ils sont jugés - à raison - sur le fait accompli, sur la performance de l'instant par un public connaisseur et exigeant. Il leur réclame de renouveler incessamment leurs exploits et il n'hésite pas à leur tourner le dos au moindre écart. Ainsi le meneur est obligé de s'entourer des plus talentueux musiciens qui, même désintéressés finissent par s'attirer une partie de la lumière.

Le public lui-même, dans son intransigeance s'est mis dans l'embarras du choix devant ces regroupements de *baka* (virtuose, génie) que forment les *minidjaz*. Il privilégie donc toujours le groupe, plutôt que tel ou tel musicien en tant que vedette. Deux ou trois ont pu passer au-dessus du mur, et faire exception à la règle. Mais depuis NJB le créateur du rythme, dont l'orchestre portait le nom, celui qui a été plus loin dans cette voie est sans conteste Michel Martelly.

Au tout début des années quatre-vingt, poussés par des producteurs proposant des gains mirobolants, bien des artistes ont tenté des carrières en solo en commençant par réaliser des albums de studio. Le public non coutumier, et très mal orienté dans l'utilisation de ces nouvelles productions, n'a vu en ces disques que des produits incitant à la consommation. Libre de l'influence médiatique, il ironise et les appelle : *disk biznis* (bas produit commercial), les pointant ainsi du doigt comme des œuvres mercantiles, sans aucun intérêt artistique. Et bien qu'aimant ces artistes, Le public a montré peu d'engouement pour ces albums dont certains présentaient des réalisations de très grande qualité.

Plus tard avec les séquenceurs et les vidéos, d'autres ont aussi cherché à se détacher des groupes pour s'établir comme vedettes, ou superstars, mais ces artistes seuls n'ayant pas de groupe musical attitré, pour animer leurs concerts ont été aussi boudés.

Les groupes semblent avoir la préférence des mélomanes haïtiens. Les artistes qui ont quitté leurs groupes pour essayer de voler tout seul, se sont brûlé les ailes. Certains n'ont réussi à briller qu'un court laps de temps. Comme des astéroïdes, ils se sont désintégrés dans l'atmosphère musicale du pays. D'autres ont dû rompre leur carrière, ou se reconvertir dans la musique évangélique.

Mais il en est toujours ainsi pour nos étoiles, montant de nos faubourgs, de nos corridors, avant même de toucher les nuages, elles retombent au sol. Chutent-elles d'elles-mêmes par manque d'énergie, ou sont-elles poussées par d'autres voulant briller à leurs places ? Sont-elles prises dans les filets des hommes pêcheurs d'étoiles, ou de ceux d'une société qui agit comme un trou noir ne laissant échapper aucune lumière ?

Souvent pour les superstars, chanteurs vedettes ou simples instrumentistes, la reconversion dans un autre corps de métier est sans conteste inévitable, sinon c'est le déboire rimant souvent avec boire. Ceux qui tiennent impitoyablement les rênes des artistes, le savent bien et l'utilisent sciemment. Ils n'offrent aux artistes que peu de gloire et de moyens, mais ils les alimentent à profusion en alcool. Personne ne refuse l'alcool aux musiciens. Ils ne se le refusent pas non plus. Comme si leur art, aussi grand qu'un océan soit-il, ne suffit pas toujours à noyer leurs déceptions, leurs désillusions.

Car, il manque avant tout aux musiciens le respect et la valorisation de leur profession par la belle société. Pour elle ils se donnent sans compter, ils auraient aimé qu'elle leur renvoie un peu de considération. Ainsi leur challenge musical devient la conquête de ce cœur qui les ignore. Et mieux que les meilleurs amplificateurs électriques à lampes, les meilleurs compresseurs numériques capables de décupler la puissance sonore de leur instrument, le manque d'égard pour leurs œuvres accroit leur amertume et multiplie leur breuvage.

M. Michel Martelly président de la République, et aussi les autres anciens ministres et nouveaux députés, sénateurs et maires, qui connaissent de l'intérieur la dure réalité de la vie du musicien, s'ils ne peuvent dissiper les sentiments, sont en position de modifier le regard arrogant que la société pose sur les *djazmann*, en instituant par exemple une loi obligeant les sociétés de spectacle, les boîtes de nuit, les producteurs de musiques, à contribuer à l'ONA ou un autre organisme créé à cet effet, à chaque fois qu'ils utilisent les services des musiciens afin d'assurer à ceux-ci le droit à une retraite.

LA CARTE POSTALE
LES PAYSAGES ET LES HOMMES

Comme s'il était assis au bord de l'eau, pour y tremper ses grands orteils en éventail, le soleil jaune d'or à l'horizon, laisse traîner quelques rayons à la surface de l'océan frémissant doucement sous l'effet de la brise.

Il s'agit de l'arrière-plan de la carte postale, mais dans sa proéminence, il paraît plus important que la silhouette de l'homme debout à la proue de sa pirogue. D'autres photographies montrent toujours en contre-jour, sur un fond de ciel où flotte un nuage orphelin ou égaré par sa bande et flirtant avec les sommets des montagnes verdoyantes, des silhouettes de dames portant sur leur tête de grands paniers en lamelles de bambou tressées, remplis de fruits. Ces cartes postales éditées en plusieurs millions d'exemplaires figent notre quotidien pour autant d'années, avec des hommes et des femmes sans visages perdus dans le décor, des ombres humaines telles des tâches dans le paysage. Un contraste accentué par le contre-jour à travers la lentille grand-angle du photographe.

Le prétexte folklorique aidant, cette carte postale laisse croire à une valorisation de notre folklore; mais elle transpire plutôt notre réalité actuelle qui, mourant, nous écrase de tout son poids. Car en traversant la carte postale pour rencontrer les hommes au verso, on constate que les paniers se sont vidés de leurs produits, laissant les femmes sans un sou et les enfants nus au milieu de mares de boue que sont devenues les mers. Et peut-être pour éviter l'échouage, les pirogues, les jolis canoës colorés, qui dandinaient sur l'eau, sous le plus beau soleil du monde, sont devenus de sombres *kantè* (embarcations de fortune) qui s'en vont dans la nuit noire, à travers la mer des Caraïbes.

En peu de temps, la réalité a rongé le papier glacé pour laisser apparaître, à travers les mêmes lentilles, mais cette fois en gros plan et éclairés de tous côtés, le désespoir et le désarroi du peuple. En quelques années, la photo s'est changée en un cliché macabre, comme la chanson à la gloire de la beauté de l'île s'est perdue au milieu du grand concert pour le couronnement de la diabolisation et de la misère du pays.

Rien de nouveau sous le soleil d'Haïti, car le mal rongeait depuis toujours les hommes et les femmes coincés sur ce coin d'île. L'éclairage et le cadrage de la prise de vue, les montrant dans leur quotidien le dissimulaient, le masquaient aux yeux du monde. Le paysage occupant plus de place que les humains, et le contre-jour obstruant les visages. Dans les photographies de qualité supérieure des cartes postales, ne profilaient que des ombres, des taches sombres. Juste des formes humaines non identifiables, incapables de provoquer chez autrui de l'émotion.

L'homme à l'avant de la pirogue était-il heureux ou malheureux au milieu de la mer ? La pêche était-elle miraculeuse ? Les femmes portant les grands paniers gardaient-elles le sourire ou montraient-elles des signes de fatigue ?

On ne saurait pas répondre à ces interrogations, en regardant la magnifique carte postale. Les prises de vues réalisées sous des angles qui ne laissent pas tout voir, ne permettent pas de tout comprendre. Les cartes postales ne reproduisent pas les vraies couleurs créées par la vie réelle. Elles ne font pas ressortir les teintes, les nuances présentes dans la société, et n'incitent pas au décodage du message que les couleurs véhiculent dans le contexte local. Elles n'invitent pas à la rencontre des hommes, à l'empathie, au questionnement. Elles n'émettent qu'un témoignage faussé, brouillant la vision et endormant la conscience.

Derrière la carte, avant le pays réel, il aurait fallu quelques mots écrits de main d'homme pour recadrer l'image et refaire sa mise au point. Quelques mots pour traduire la surpopulation d'une ville, d'un pays, la pollution cachant son ciel, étouffant la végétation, et provoquant l'érosion dans les mornes. Car la photo au recto ne veut pas être le révélateur de l'occupation anarchique des plaines, de la boue envahissant le fond marin, des hommes qui déshumanisent des hommes... Juste quelques mots simples expliquant les maux rongeant les cœurs des hommes et détruisant leur entourage. Des mots, des pensées, des visions que les filtres photographiques ne sont pas en mesure d'altérer. Des mots décrivant l'intérieur, révélant toutes les contrastes, toute l'intensité des couleurs et des symboles qu'elles véhiculent.

Au cœur des rapports sociétaux, les couleurs et les nuances.

Depuis notre histoire la plus lointaine que seuls nos gènes en gardent la mémoire, jusqu'à nos perspectives les plus lointaines, depuis les blancs, les noirs, les marrons de la colonie, jusqu'au rose du PHTK, en passant par les *ti rouj* (métis du bas peuple) qu'il faut dénoter comme un symptôme raciste dans notre société, les couleurs exercent un rôle nocif divisant et hiérarchisant la société haïtienne, en fonction de teintes claires ou foncées de l'épiderme de ses membres.

Les couleurs expriment et gèrent tout. Elles gouvernent les

destins dans le pays. Elles expriment la fierté dans le bleu de notre bannière flottant dans celui du ciel. Elles portent la violence et la peur avec le *gro ble* (indigo) des macoutes, lesquels ont terrorisé le pays durant plus d'un quart de siècle. Elles signalent le danger et l'honneur par le rouge des *bizango* buveurs de sang, des *shango* cracheurs de feu et du tapis d'honneur et de gloire sur lequel avancent les politiques et les artistes.

Dans les changements de couleur substituant le noir au bleu et vice-versa du drapeau national, mais gardant toujours en son milieu un carré blanc qu'aucun historien explique la symbolique ; dans l'entremêlement des perles végétales multicolores appelées *madyôk*, que les parents accrochent aux habits des nouveau-nés pour les protéger du mauvais œil ; dans l'association du rouge et du blanc par le konpadirèk, les couleurs règnent sur la société. Et elles agissent même au-delà du perceptible. Sa symbolique, ses pouvoirs, son omniprésence se confirment dans l'histoire de toutes les sociétés successives du pays. Les spectres visibles de la lumière n'atteignent pas la société haïtienne pour l'éclairer, mais se cognent sur la peau, sur le visage des hommes, s'installent dans leur cœur, pour leur dicter leurs rapports, leurs comportements. Notre société se base sur les couleurs pour déterminer les licences des uns et les limites des autres. Les couleurs président aux classements et aux déclassements, aux privilèges et aux privations. Elles servent à la création de cercles sociaux, dont elles déterminent le centre et délimitent les contours. Elles fixent les droits, les devoirs, elles délivrent les passe-droits et les pouvoirs. Tout dans la société haïtienne se définit par des nuances, des teintes franches ou pastelles, vraies ou imaginées.

Les couleurs divisent jusqu'au sein même des familles, entre sœur et frère. Elles s'infiltrent dans le lit entre les amours, pénètrent les mœurs et les esprits. Elles submergent tout, et deviennent ainsi une problématique majeure dans notre société. Car celle-ci ne s'en sert pas exclusivement pour teindre les belles robes et les beaux foulards de nos dames, ou pour peindre des tableaux naïfs et réaliser les cartes postales ; la société n'utilise pas seulement les couleurs pour embellir le paysage, égayer le carnaval, comme les danseurs de *Kongo* font pleuvoir de multiples couleurs dans nos rues et dans nos cours, elle place les couleurs au centre des rapports sociétaux, en perpétuant les codes des sociétés esclavagistes des siècles écoulés, lesquelles divisaient et hiérarchisaient par le mélanoderme.

Et pourtant dans le constituant fondamental du pays, la recherche d'une polychromie libre et transversale, les mélanges et l'égalité des couleurs constituaient le choix des hommes créant de la nation. L'une de nos danses traditionnelles appelée *trese-riban*, et dont l'exécution rassemblait toujours une grande assistance, consistait pour nos jeunes et jolies femmes à réaliser, l'espace d'une chanson, une belle tresse multicolore enrobant une grande colonne. Elle tenait chacune le bout d'un ruban de couleur accroché au sommet de la colonne et tournait joyeusement, en chantant et en dansant jusqu'à former une belle et parfaite tresse colorée le long de cette colonne centrale nommée *poto-mitan*. La symbolique de cette figure chorégraphique voudrait que nous soyons tous, quel que soit le degré de pigmentation de la peau, des branches attachées à un même tronc central. Peut-être s'agit-il du fameux tronc de l'arbre de la liberté, ou vaguement, de celui l'arbre de la vie, si tant est que Haïti se veuille un paradis.

Telle la tresse finale multicolore réalisée sur le tronc central, nous tous ensemble, nous devions former une œuvre culturelle cohérente et harmonieuse. Un beau puzzle où nous serions des pièces, s'imbriquant parfaitement selon l'objectif fixé au Grand Rassemblement. Mais il semble que la société haïtienne s'est déviée de son but initial. Elle a cheminé à l'opposé de la démarche conduisant à la formation d'une belle mosaïque polychrome aux reflets de la flore aux couleurs vives et pastelles du pays. Elle n'invite pas les diverses composantes à s'embrasser, à se donner l'accolade, à s'unir dans l'amour du pays. Elle ne cherche pas l'égalité, la fraternité, le vivre ensemble. Elle n'a jusqu'à présent jamais pu réaliser le brassage culturel tissé par les longues et nombreuses phrases de nos écrits : romans, recueils de poèmes, paroles de chansons… La société se présente plutôt dans ses divisions superficielles et profondes, où les éléments du paysage ne s'agglomèrent pas en un ensemble homogène. Elle forme plutôt un grossier patchwork, où trop souvent les uns livrent bataille aux autres, pour imposer leurs avis culturels, philosophiques, politiques que ceux-ci considèrent supérieurs.

Toutes les spécificités insulaires ou exotiques issues de la rencontre des continents : Afrique, Europe, Amériques ne cohabitent pacifiquement qu'en apparence, juste en surface. Une guerre intestine, sournoise, alimente comme les braises de l'enfer, une ambiance violente et crée un environnement chaotique, où les protagonistes jouent de révérence et d'offenses, d'amour et de mépris. Ils vivent en parallèle les uns aux autres, se construisent entre eux des murs invisibles d'intolérance, coupant les rapports sociaux, ou même les liens familiaux. Ils deviennent quasi irréconciliables.

Et les mots, et les maux.

La société décline les teintes pour engendrer fanatisme, violence, exclusion, privation, misère, exode… Dans cette Haïti tout en nuance dégradée, tout ce qui permet de discriminer est bon à prendre. Trouver plus petit que soi est le seul credo de tous ces hommes et ces femmes, tristes comédiens, qui s'agitent dans la société haïtienne. L'idée de briser les autres, de les assujettir pour se voir, ou se croire supérieur, domine et ne laisse dans le subconscient national que peu d'espace à l'émergence d'une pensée supérieure, prônant le rassemblement, l'union.

Autour des couleurs de l'épiderme servant de noyau dur à cette tacite ségrégation, viennent se greffer un grand nombre d'éléments : lieu d'habitation, langage, pour créer diverses formes de discrimination un peu partout dans le pays. Une attitude dommageable qui déchire chaque jour un peu plus le tissu social du pays. Elle dresse des barrières sociales, psychologiques encore et toujours plus grandes, finissant par se matérialiser en des murs gris démesurés, fortifiés, coiffés de tessons de verres et de fils barbelés, comme ceux encerclant les propriétés de Port-au-Prince, et de ses environs. Et toutes les belles couleurs du pays ont été dissoutes dans le gris d'un ciment qui, ne jouant point un rôle de liaison, de cohésion dans la société que nous construisons, mais se disperse plutôt dans l'air, troublant notre vision et coupant notre respiration.

Alors que se vendent, à grand renfort de publicité, les cartes postales d'une Haïti unie dans l'amour des couleurs ; les habitants sont séparés, opprimés politiquement, socialement et culturellement. La grande masse est ostracisée, marginalisée par des minorités qui s'approprient la nation haïtienne comme leur marque déposée. Elles se proclament cheffes patentées et divisent, sous-divisent, segmentent la société en une multitude de microsociétés, jusque dans son cœur paysan, longtemps resté immuable.

Les Haïtiens se font quelques fois secouer par des séismes

dévastateurs leur permettant d'enrichir la langue de mots et de locutions, tels que : *evenman*, *goudou-goudou*, ou voient-ils régulièrement leurs lieux de vie dévastés par des ouragans qui inspirent des chefs-d'œuvre à nos créateurs, comme la chanson « David » du groupe DP Express, ou « Walé » (T'es parti), interprété par Rutshelle Guillaume, mais l'impie reste qu'ils doivent se battre quotidiennement contre les bourrasques du racisme, les secousses du snobisme, les déluges d'humiliation et de déshumanisation venant de l'intérieur comme de l'extérieur.

Le pays, la société cultive si fortement le rejet de l'autre, de l'Haïtien sur la base de l'épiderme, qu'elle étonne un observateur tel Randall Robinson. « Haïti est probablement la société la plus divisée sur le plan racial et la plus déchirée des Caraïbes… En visitant Haïti, on est frappé par sa remarquable ressemblance avec l'Afrique du Sud raciste », a-t-il écrit. Et pour preuve, il donne l'exemple de classes d'écoles en Haïti, où tous les enfants sont blancs ! Et d'autres, où ils sont tous noirs, comme s'il régnait dans le pays une ségrégation raciale, un apartheid convenu, qui ne dit pas son nom.

Le grand brassage des couleurs n'est pas une idée partagée par tous, s'il est bien apprécié de la population à la peau foncée, il est invariablement rejeté par celle au teint clair. Ce groupe-ci oublie que nous sommes tous des sangs mêlés et refuse tout rapprochement et échange. Il crée des cercles monochromes qui persistent, et résistent à tout. Comme s'il procédait de l'ordre supérieur et indispensable de la vie, les couleurs de ces cercles ne se blasent pas. Elles ne pâlissent jamais. Au contraire, elles se renouvellent de leurs propres gênes ou cendres, souvent sous des formes improbables. Et l'ambiance délétère qu'elles installent n'est pas circonscrite à la capitale et aux grandes villes. Elle trouve des relents nichés dans nos campagnes tels un Fond-des-Blancs et un Fond-des-Nègres ; et aussi dans la structure de la langue qui substitue au substantif « homme » des déclinaisons épidermiques : *nèg, grimo, blan* (homme noir, métis, blanc) avec leurs sous-entendus. Un racisme larvé, porteur de l'expression de la haine banalisée de l'Haïtien et de tout ce qu'il représente. Et il est souvent inconsciemment alimenté par les victimes elles-mêmes enfonçant jour après jour la nation dans les abîmes.

Alors, comment croire encore ?

Comment croire les discours de nos intellectuels quand ils s'illustrent dans la quête de nos racines africaines, sans apporter un correctif aux figures de style de la langue, pour tenter de modifier l'imaginaire en l'éclairant. Si dans leurs écrits et leurs discours, ils revendiquent toute la part africaine, toute la négritude ; dans les échanges, les relations sociales quotidiennes, l'Afro, le Noir, pour les autres comme eux, prend une acception péjorative. À ce propos le prêtre-sociologue, Joseph Augustin, dans son livre « Le vaudou libérateur », emploie l'expression : « déclivité mentale anti-nègre » pour décrire cette attitude, et il conclut qu'elle déforme la pensée de l'Haïtien.

Toute l'essence de la revendication de la mère Afrique, prônée par l'Indigénisme, le Noirisme, la *mizik-rasin* s'évanouit dans le vent, quand nous employons tous les symboles de l'Afrique pour exprimer tout le négatif, tout le laid, tout le diabolique : *Tèt grenn, gro djòl, nèg nwè ti zòrèy, makanda*… (Cheveux crépus, lèvres épaisses, peau noire, sorciers). Les belles poésies chantant nos racines africaines prennent l'allure de nos cartes postales quand dans des conversations surréalistes nous rabaissons l'être haïtien, et l'avilissons en inventant des « petites blagues » méphitiques se basant sur nos attributs africains.

Ces mystifications sont soufflées en secret régulièrement sur le pays. Créées dans les beaux salons, elles sont colportées dans les cours du peuple par les éléments satellites, les flatteurs, elles réjouissent les aisées comme les modestes, les érudits comme les ignares. D'apparence anodine, elles causent au fond une grande nuisance, en détruisant psychologiquement des hommes. Il ne faut pas se méprendre, il s'agit de tout un système de lavage de cerveau, de préparations psychologiques, utilisés par l'élite bourgeoise. Par le truchement de ces formules moqueuses, elle prépare la grande majorité à accepter inconsciemment la décapitation de l'Haïtien. Dans ce but, le petit groupe ne se reconnaissant pas de racine africaine s'adonne à un arrosage constant du terreau social par son venin. Et souvent, il finit par affaiblir le *mapou* (le kapokier) centenaire dans l'estime de la population, et incite celle-ci à *déchouquer* (déraciner, éradiquer) demain, l'institution qu'elle a elle-même créée hier. Ainsi ce regroupement de malhonnêtes arrive à s'octroyer à lui seul le droit d'exister sur le territoire, de décider du beau et du laid, du bien et du mal, de créer des cercles d'inclusion et d'exclusion, d'élire, de rejeter…

Et dans le sillage des élites, les autres classes ne pouvant pas créer de cercles exclusifs, s'empressent d'inverser le tracé sans en changer le but, et créent des cercles pour enfermer les autres.

Ainsi toute la société haïtienne excelle dans la création de groupes humains, de catégories sociales, de zones particulières. Elle ne finit pas, d'assujettir, de fabriquer des colliers de fer. Elle enferme par milliers dans des cases. Elle coince dans des catégories. Chaque jour voit naître une nouvelle classification sociale. Des classes de méprisables, de jetables, d'intouchables, subissant des dénominations qui sont les unes plus avilissantes, plus mortifiantes que les autres. En plus des *nèg fey*, des *nèg môn*, des *nèg sôt*, etc. qui ont fini par intégrer la carte postale, il faut aujourd'hui ajouter les hordes de *chimè* et de *zenglendo*, les groupes de *granmanjè-aloufa*, de *tirouj*, de *GNB*, de *dyaspora*, de *kokorat*... Les dénominations les plus stigmatisantes basées sur les lieux de vie, les descendances généalogiques, les attaches naturelles ou imaginaires, les positions sociales, les couleurs de la peau..., ont été inventées pour assouvir des désirs honteux de division, de domination.

Ce fonctionnement bien ancré dans les us et les coutumes, se dessine telle une loi naturelle reléguant les *nèg môn*, dans les catégories sociales inférieures de la société. Ils n'ont ni droit de cité, ni même celui d'existence... Mise à part Boutilliers et Montagne Noire, ces mornes qui dominent la capitale, être originaire des mornes, des provinces, ou simplement d'y être affilié, se vit comme une tare. Le paysan et généralement tous ceux ayant habité ces lieux sont considérés comme en dehors de la nation et catalogués comme de tierces personnes, des sous-hommes.

Et pourtant les mornes, les montagnes, ont toujours représenté un espace de liberté dans le pays. Une zone libre de toutes pressions, tant intérieures qu'extérieures, avec ses expressions propres. N'oublions pas que les mornes ont abrité les précurseurs de notre liberté : les nègres marrons, et ils restent, aujourd'hui encore, nos lieux sources par excellence. Ils permettent souvent à beaucoup d'entre nous de nous retrouver, de nous revigorer quand la vie tronquée des villes nous oppresse. Surtout à Port-au-Prince, amour infidèle, femme facile, qui ouvre ses bras à tout : colons, marines, macoutes, MINUSTAH...

Dans la capitale, la dénomination *nèg môn* est accrochée aux oreilles de tout individu venant du dehors, des provinciaux pour les marquer au fer. Et peu à peu, elle est devenue générique, pour anathématiser toute personne maladroite dans ses démarches. Elle et toutes les autres désignations dérivées ou proches sont dans l'esprit et dans la lettre, synonymes de la marque de la bête. Elles relèvent du regard minoratif qu'un microcosme porte sur le reste constituant la grande majorité.

Humble personnage, le provincial ne trouve pas sa place dans le grand Port-au-Prince qui de jour en jour s'éloigne de la notion de ville pour se rapprocher de celle de jungle. Car la capitale est devenue un fossé, où cohabitent, dans une agitation violente et permanente, des communautés qui s'ignorent, s'ostracisent, se jalousent, s'exploitent et se crachent les unes sur les autres. Quand le paysan s'aventure dans la capitale pour offrir son meilleur café, ses plus beaux fruits, ses produits d'exception, il agit avec humanité et respect, il montre un amour inconditionnel de la ville, pourtant il n'est pas accepté. Il passe sans trop comprendre de la case des *nèg andeyô*, à celle des sans nom, des sans famille, des sans grade. Il est relégué au ban des éléments négligeables, voire néfastes. Et il se fait écraser par les voitures et le mépris, fustiger par les hommes en armes, violer par ses supérieurs hiérarchiques. Bref, il « se fait manger par les chiens », pour reprendre une expression à la mode. Donc, il ne faut point s'étonner qu'en intégrant sa dévalorisation, le paysan haïtien ne cherche plus qu'à se dépouiller de lui-même, et à cesser d'être l'homme le plus inférieur de la terre. Alors le rêve de fuir les mornes, de quitter le pays, devient son obsession.

Qu'on le veuille ou non, peu importe son niveau dans une société donnée, il existe toujours une élite traçant le chemin au reste de la population. Le peuple haïtien, à sa perte, suit donc son élite, qui ne peut pas se déresponsabiliser des échecs de la société. Si l'élite ne cultive ni la pensée du beau ni l'esprit du bien ; si non éclairée, elle ne s'ingénie que dans la dévalorisation systématique de l'Haïtien ; si elle ne prône que la médisance et l'obscurantisme, le reste de la population ne peut que reproduire les mêmes schémas.

Les élites haïtiennes sont pusillanimes, elles ne défendent ni la patrie ni les hommes. Elles crient même haut et fort que leur salut vogue bien loin du fondamental du pays. Elles se soustraient de la photo de famille et de la carte postale, en montrant l'Haïtien du doigt. Mais en même temps, elles osent se réclamer Haïtiennes chaque fois qu'elles peuvent en tirer un profit. Gymnastes expertes en grand écart, elles se tiennent en équilibre, un pied dans l'autodérision où elles rabaissent l'Haïtien, et l'autre dans l'auto glorification où elles se hissent au-dessus de tout.

Pour ces hommes reconnus statiques et rigides, l'exercice relève du surnaturel. Comme s'ils se dédoublent non pas entre eux et leurs fantômes-zombies - étant en terre haïtienne, on comprendrait sans mal - mais plutôt entre eux et leurs doubles anti-haïtiens. Point n'est besoin de diagnostics plus approfondis pour comprendre que la petite bourgeoisie, les pseudo-élites intellectuelles et les éléments satellites caméléons souffrent d'égocentrisme et de schizophrénie collective chronique. Ils cultivent tous un refus dogmatique de l'Haïtien et rejettent tout ce qui est apparenté au vrai pays. Ils posent un regard dévalorisant sur tout ce que produit le pays. Peu importe, la portée de l'action, la qualité du travail, le poids de l'apport, ils sont promptement rejetés. Les agriculteurs, les artisans, les artistes en sont les principales victimes. Leurs produits comme les graines : maïs et millets ; les racines : ignames, patates, taros… ; les légumes : *lalo, lyann panyen,* ne trouvent aucune considération et sont très rarement consommés dans les milieux élitistes. Les meubles fabriqués par nos artisans ne sont pas utilisés. Ils sont laissés à la classe modeste, aux moyens économiques dérisoires. Comme il en est de certaines musiques qui sont ignorées ou rabaissées, parmi elles, le konpadirèk, qui se retrouve avec un plafond de verre au-dessus de sa tête, l'empêchant de progresser.

L'élite, quelle que soit son bord, ne s'adresse jamais à l'Haïtien ordinaire et petit. Elle considère que lui tendre la main est une régression sociale. Elle ne consent aucun effort intellectuel pour être comprise par le peuple. Elle ne l'aide pas à sortir du gouffre, à évoluer. Elle s'applique à le fustiger de phrases incompréhensibles, tout en exigeant de lui respect, obéissance et reconnaissance. En somme elle ne cherche pas à élever la majorité vers de hautes et dignes valeurs humaines. Elle rejette et nie, le reste du peuple, et refuse de le reconnaître comme partie utile et indispensable de la nation.

Les dirigeants, les décisionnaires du pays pour être admis dans les salons internationaux avalent sans grimacer des couleuvres et n'hésitent pas s'il le faut, à critiquer le pays. En accointance avec l'étranger, ils ajoutent même des traits et des couleurs à l'image hideuse d'Haïti, façonnée par les puissances coloniales de jadis et interventionnistes d'aujourd'hui, l'ayant toujours considérée comme une brebis galeuse.

Notre jeunesse haïtienne, à l'heure de la numérisation et de la mondialisation, veut se défaire de cette image qu'elle peut comparer sur internet avec celles des autres pays. Malheureusement, sans bagage ou très mal formée, elle se contente d'imiter ceux-là mêmes qui ont réalisé le cliché. Elle ne s'applique pas à un recentrage sur ses valeurs, à la consolidation de ses racines pour résister aux vents de l'arrachement dévastant le pays. Elle se retrouve aux prises avec un passé séculaire où dorment d'un sommeil lourd et profond ses derniers honneurs, et un avenir des plus incertains, sur lequel le présent ne semble avoir aucun contrôle. Elle se laisse, comme une herbe folle, emporter par les flots, vers l'océan de la mondialisation où se noie l'Haïtien.

Déjà, en complication avec son amour-propre de l'Haïtien et du pays, en proie à la fascination pour l'étranger le plus beau, comme elle l'a appris depuis la tendre enfance, une très grande partie de la jeunesse d'aujourd'hui, pense pouvoir flatter les élites et avoir leur bénédiction, en adoptant leur logique. Elles rejettent aussi tout de la culture du pays : langue, danse, cuisine, religion, musique…, pour les remplacer par n'importe quelle imitation ou n'importe quelle importation.

Nombre de nos jeunes et moins jeunes artistes expérimentés ou novices, talentueux ou médiocres, pensent que les élites changeront d'avis, si comme elles, ils se lancent dans l'imitation de maîtres non insulaires. Mais déjà, ils oublient que les élites haïtiennes n'ont jamais été ni productrices, ni consommatrices d'art, et encore moins de la musique populaire locale. Elles sont peu friandes de la culture et encore moins de celle du pays. Pour elles, la culture ne peut être qu'une monnaie d'échange. Peinture naïve, danse folklorique, *mizik-rasin*, *twoubadou*, n'ont de valeur que si les élites peuvent à leur guise, en tirer un profit financier, comme elles font avec le café et le cacao qui sont achetés aux planteurs pour deux sous, et revendus tête-nègre. Voyons en ces lieux huppés, l'absence de bibliothèque publique et même privée, de musée, de salle de théâtre… Alors que les marchands d'art qui *deal* des tableaux aux touristes, les hôtels et les boîtes de nuit sont légion. Tout ce que les élites marchandes ne peuvent acquérir pour des défraiements de misère, de vils prix, ne l'intéresse pas, et est critiqué sous toutes les coutures.

Pour maintenir sa domination, toute la production locale doit être dévalorisée, déclarée impropre à la consommation, placée à la case de l'inutilité. Et même l'Haïtien lui-même est dénigré, jugé incompétent, donc sans valeur. Un travail de sape subtil et profond est mis en place depuis des lustres, pour déposséder l'Haïtien de ses champs, de ses produits, de sa personne, pour dévaloriser son art, ses combats et ses victoires, pour le couper de ses racines, de sa force, de ses dieux. Il s'agit d'arriver à une dépossession totale de l'Haïtien, afin que tous les descendants des déportés d'Afrique deviennent des corps sans âme, des zombis sociaux errant sur une île dévastée.

Cette politique s'inscrit dans la continuité de l'exclusion de la jeune nation antiesclavagiste, humaniste et universaliste. Sa finalité est d'émietter le pays, le rendre sans substance et sans cohérence en détruisant son patrimoine culturel et ses hommes. Une œuvre cruelle et odieuse réalisée avec la complicité des fils de la terre, oubliant ou ignorant leur mission première de poursuivre l'œuvre haïtienne fondamentale : construire un pays et aussi des hommes.

LES GRANDS COMBATS
DE L'HAÏTIEN DU XXIe SIÈCLE

Il est su de tous, à l'intérieur comme à l'extérieur, que le relèvement d'Haïti passera par le rassemblement en un seul corps de tous les Haïtiens, et que cette union entraînera aussi le péril des prérogatives des puissances prédatrices et les privilèges des castes politiques, économiques, religieuses ou culturelles du pays. Alors elles œuvrent de concert à la segmentation du pays. Elles aveuglent les hommes, en leur chorégraphiant une danse arythmique tendant à briser leur colonne vertébrale. La finalité machiavélique de leurs agissements est la dépossession totale de l'Haïtien. Et ces castes poursuivent si bien leur forfait que malgré la force de certaines réalisations nationales, elles n'arrivent pas à occuper les premiers rangs dans le pays, voire ailleurs. Ainsi, il sera toujours permis à ces ténors aphones de demeurer la seule voix de la place, les maîtres chanteurs des lieux. Un droit que leur conférerait l'héritage colonial dans une Haïti libre. Il s'agit là du moyen le plus sûr pour conserver leurs pouvoirs et les asseoir de façon permanente. Il faut maintenir le peuple exclu de tout, dépossédé de tout, de ses œuvres, de la lumière de son soleil, de son âme... Car si les valeurs des produits haïtiens ne sont pas dépréciées, si l'Haïtien lui-même n'est pas détourné de son idéal d'homme, la jouissance de ces privilèges deviendrait impossible, car elle soulèverait de la résistance farouche obligeant leur abolition.

L'élite haïtienne qu'elle soit économique, intellectuelle, politique... vit dans un réel absentéiste culturel. Elle se tourne toujours vers les cultures exogènes et calque son mode de vie sur celle des pays étrangers source de sa fascination collective. Elle imite leurs langues, leurs poésies et leurs musiques. Elle rêve de leurs architectures et de leurs plages. Elle fantasme sur leurs femmes et leurs épidermes. Et elle organise tout pour que les fabrications étrangères supplantent les créations locales. Et dans son élan naturel vers son élite, le peuple, lui aussi, néglige les produits du terroir et part s'acculturer, se naturaliser *dyaspora*. Il reproduit le comportement de l'élite et contribue, à son insu, à sa propre destruction. Ainsi, l'Haïtien sans défense s'efface doucement. Il devient une entité indéfinissable, une créature hybride, un avatar sans harmonie, s'exprimant dans un charabia que lui-même ne comprend pas. Le pays semble touché par la démence. Sa gestuelle devient incohérente. Ses pas sont disloqués. Sa danse est désarticulée telles les figures de la danse urbaine *laloz* dont tout le monde raffole, mais au fond, elle n'est que l'expression inconsciente de la démarche aberrante d'un pays sans colonne vertébrale, d'une société sans squelette, d'une élite autodestructrice.

Alors le rêve du paradis perdu et le retour à la mythique *Nan-Ginen*, eux aussi se retrouvent dépouillés de leur sens et se transforment en une fuite hors de l'île devenue infernale pour ses fils.

Tout homme se retrouvant dans la situation déshumanisante actuelle des Haïtiens chercherait par tous les moyens à s'en extraire. Toute personne abandonnée à son sort et reléguée dans les régions montagneuses très difficiles d'accès, ou considérée dans les villes comme des *kokorat* (mites, larves), réduite en somme à l'état de déchets, chercherait à fuir, et à changer de statut. Ainsi s'explique en partie l'exode rural et l'abandon du pays. Nos frères prennent le large, pour échapper à l'abjection. Le phénomène des *kantè* et son pendant, la nouvelle catégorie sociale vivant un pied ci et un pied là : la *dyaspora*, expriment tous les deux la volonté des hommes de se soustraire de l'ignominie, de s'arracher de l'opprobre qu'ils subissent de la part d'une société singulièrement anthropophage.

Éviter la dépossession totale.

Qui de nous comprend qu'en excluant les paysans, les illettrés et tous ceux formant les couches populaires, en les laissant en dehors de toutes les entreprises du pays, en les mettant au passif de la nation, en refusant de valoriser leurs œuvres, nous ne faisons que priver le pays de sa force vive, de son essence. Dépossédée de la majeure part de ses hommes, la nation ne saurait être entière. Et le pays ne peut que se réduire en un corps nécrosé, et se désagréger.

Même s'il paraît impossible que l'amour d'Haïti meurt dans le cœur haïtien, le comportement hautain et haineux de nos élites ne reste pas sans effet. Il provoque déjà une grande débandade dans les rangs de nos hommes, et fragilise leur amour. Même si la dépossession totale semble irréalisable, car le dernier des Haïtiens tel un Capois La Mort se révélerait être un combattant infaillible et conquérant ; il ne faut pas minimiser les attaques violentes et incessantes minant la défense du pays.

Les prémices de la spoliation totale occasionnent déjà des dégâts quasi irréversibles. Et singulièrement, ce pays qui s'est soulevé contre l'esclavage, reste passif, regardant son esprit et sa jeunesse asservis. La terre des hommes vaillants regarde ses bras et ses jambes fuir vers d'autres horizons. L'île amoureuse des arts laisse ses artistes mourir sur la paille et son âme s'envoler. Comme si l'Haïtien avait perdu son pouvoir naturel d'imaginer la beauté, d'inventer et de conquérir la liberté, de tresser l'union, de créer la vie.

La société s'effrite en s'alimentant de la contradiction entre l'amour des uns pour les anciens maîtres et le refus de l'asservissement des autres. Le déchirement au cœur du peuple se nourrit de l'antagonisme entre la fuite de l'élite qui poursuit ses rêves des ailleurs brumeux et le retranchement, la résistance des masses populaires et paysannes s'enracinant dans la terre haïtienne, et défendant de toutes leurs forces, la culture, le pays. La séparation est totale. D'un côté, les intellectuels sans conviction et la petite bourgeoisie absentéiste, de l'autre, la masse réfractaire. Notre société se vide par le milieu. Le cœur du pays s'assèche inexorablement.

La division affaiblit notre résistance et laisse le leitmotiv séculaire, insidieux des sociétés internationales s'infiltrer entre nous, touchant toutes les strates de la société. Et le mal s'est immiscé partout. Il vide les rues des villes, comme les sentiers de nos montagnes. Tous les jours, tout le monde se bouscule pour se jeter dans les cales d'un *kantè* : L'intellectuel monte dans le *kantè* de ses maîtres à penser. L'étudiant prend place dans le *kantè* des études supérieures. L'illettré, le paysan se faufile au fond du *kantè* de l'émancipation, de la réussite. La jeunesse grimpe sur les ponts du *kantè* de l'espoir et d'un avenir meilleur. Le politique est poussé à bord du *kantè* de l'exil… Il existe toujours un *kantè* accosté à un port du pays, prêt à transporter un Haïtien au loin. Comme si nous suivions en sens inverse le mouvement des vagues de l'océan nous ayant transportés sur les rives de la terre d'Haïti. Tout notre espoir semble se résumer à une arche surnommée, *kantè* à l'instar de ces minibus à la rapidité connue, de la firme japonaise d'automobile. Si sur terre, le *kantè* nous est très utile, pour sa rapidité à parcourir les trajets ; sur la mer, il est une embarcation hasardeuse filant tout droit vers l'enfer de la honte…

Aujourd'hui dans la mer des Caraïbes, notre île donne l'image d'un bois fouillé, d'une pirogue qui nous tient à peine à flot. Elle tangue de plus en plus sous l'effet de houles scélérates, projetant un grand nombre de frères à la mer. Elle montre un tableau, épouvantable ressemblant au « Radeau de la méduse ». Et la classe dirigeante n'a imaginé ni bouée, ni perche, ni corde. Elle oublie son rôle de protection de la nation dans son ensemble. Elle prône le "chacun pour soi", avoue son impuissance et abandonne chacun à son sort. A chacun de se sortir d'affaire tout seul, à la force de ses bras, en nageant parmi les requins. Et l'Etat l'exprime en une formule poétique et expéditive comme nous en avons le secret : « *Naje pou-w' sôti* » (nage, et sauve-toi), qui est devenu la règle de base de la société, la chanson fatale de la rue, le nouvel hymne de la nation.

Les responsables, les élus légitimes du peuple, l'État haïtien, ne se préoccupent guère du peuple, de l'anthropophagie sociale occasionnant l'effondrement national. Ils ont d'autres occupations, d'autant que les conglomérats d'associations, de fondations, d'organismes non gouvernementaux, répondent présents et se proposent pour colmater les brèches. Haïti la Troyenne, après deux cents ans de luttes et de résistance, tombe affaiblie devant l'aide internationale qui s'est immiscée, galopant dans ses savanes désolées, en proposant l'abondance aux affamés.

Difficile d'admettre que leur prise de contrôle des lieux, ait pour cause unique, les fonds que pourvoient ces organismes, ou que leurs emprises soient dues aux hasards, ou à un moment de désarroi post-séisme. La facilité avec laquelle, ils se sont installés dans le pays avançant comme sur un tapis rouge, ne peut s'expliquer que par la rencontre d'un terrain préparé : celui de l'acculturation séculaire de l'Haïtien.

Depuis l'enfance, l'imagination de la population est stimulée par les livres d'auteurs étrangers et plus tard aussi par les musiques, les films de même provenance. La pratique rend l'Haïtien éduqué avide des cultures importées. Ceci a contribué au processus occasionnant l'affaiblissement du pays face aux agressions extérieures. Les esprits locaux étant préparés et disposés à courber l'échine devant les étrangers qu'ils ont appris à regarder comme leurs supérieurs, le dernier des éléments, pourvu qu'il soit non insulaire arrive à s'imposer, sans même livrer combat.

Nous devons, sans tarder, changer de direction, recentrer nos regards sur nous-mêmes en tournant le dos à l'ailleurs, à l'outre-mer nous invitant à notre propre abandon. Il nous faut cesser l'évasion, la fuite, retrouver notre esprit combatif et prendre Haïti comme seul objectif. Nous devons lutter contre notre dépossession amorcée de tous les côtés et nous réapproprier nos arts et nos cultures, les valoriser, les aimer et les protéger. Notre propre existence de peuple en dépend. Sinon d'ici peu, si ce n'est pas déjà le cas, plus rien ne se vendra sous le « label haïtien » qui ne voudra plus rien dire : Livres, tableaux, musiques, alcool… comme déjà c'est le cas pour le café et le cacao du pays. Nos produits n'auront plus ni sens ni signification, car ils auront perdu leurs valeurs et leurs âmes.

Fuir ou résister.

Paradoxalement, le grand voyageur, l'exilé, le fuyard, le proscrit, les exclus de tous poils, peu importent les circonstances de l'éloignement, le pays d'accueil, la nouvelle situation, l'Haïtien, tel un *Piram*, ne pense qu'au moment où il se retrouvera dans les bras de son île. Il espère revenir pour partager avec elle tout l'amour qu'il a toujours voulu lui donner et que malgré la distance et la douleur, il a su conserver au fond de son cœur pour elle seule. Il ne survit que dans l'espoir de revenir forcer la main à la société, au gouvernement, et de conquérir le cœur de son éternel amour.

Un solide et profond attachement à la terre d'Haïti, habite tous nos frères. Il les porte à s'empresser de remonter à bord du *kantè* pour réaliser le retour triomphal au bercail, à bord d'un *tèt-bèf*. Un autre modèle de véhicule du même constructeur, dont la possession symbolise la réussite économique et sociale. Ce modèle a été ainsi surnommé à cause de son écusson rappelant peu ou prou une tête de taureau. Sans le vouloir, cette firme japonaise féconde tant la langue haïtienne, qu'il aurait pu se passer de publicité dans l'île. Comme s'il se tissait dans cette interaction commerciale et culturelle, une solidarité insulaire téméraire.

Le retour de l'étranger en grande pompe des fils du peuple, des enfants de la paysannerie, les mains remplies de quelques dollars, dérange la classe aisée, qui tire pourtant un profit économique de la situation. Car ces Haïtiens créent une problématique majeure, ils profanent leur position sociale dominante. Pour maintenir la distance et souligner la différence, elle colle à ces Haïtiens une étiquette distinctive : *dyaspora*. Il ne faut pas y voir seulement notre manie de galvauder les mots, de les détourner de leur sens premier, ici la dénomination s'inscrit dans un double objectif : éteindre le feu de l'amour conquérant habitant les enfants de la masse populaire ayant résidé à l'étranger, casser leurs velléités de vouloir incorporer la nation, et surtout créer une nouvelle classe économique à part, différente. Le *dyaspora* n'entre dans aucune catégorie existante, ni élite, ni masse populaire. Bien qu'issue du peuple, il ne peut plus être considéré comme membre du bas peuple illettré et pauvre, car il a appris à s'exprimer dans une langue étrangère ! Et il peut, selon son désir, s'échapper de la réalité impie que vit cette classe. Il devient un enfant illégitime de la nation, un Haïtien étranger à sa terre, devant rester en marge de la société et ne possédant aucun droit.

Le statut de *dyaspora* découle d'un certain pouvoir économique et de la détention du sésame ouvrant les portes des mégapoles du monde, et il est vécu par certains individus comme une revanche sociale. Même quand il apparait comme la réalisation d'un désir honteux de n'être plus totalement haïtien, certains s'en accommodent parfaitement, parce qu'il souligne leurs métamorphoses, leurs réussites individuelles, et qu'il les protége de l'ostracisme et des humiliations.

La situation de fils du pays, vivant un pied à l'intérieur et un autre à l'extérieur, obligeait une considération particulière de la part de l'État, mais elle ne devait nullement servir de barrière à leur réintégration. Le professeur et président Manigat, qui a introduit la notion, visait une nécessaire inclusion; et non une exclusion de facto comme elle est appliquée dans la réalité. Par la suite, le président Jean-Bertrand Aristide a tenté de corriger la dérive, en inventant un dixième département géographique qui, en plus de valoir tout son pesant financier, avait aussi tout son sens symbolique de réunir la diaspora haïtienne éparpillée, et de l'intégrer dans la nation. Ce département imaginaire rassemblait les fils de l'intérieur et de l'extérieur, dans un même territoire haïtien sans discontinuité, sans créer une énième catégorie sociale. Tous les Haïtiens et leurs descendants se retrouveraient ainsi réunis, malgré et par-delà les frontières naturelles : fleuves, mers et océans. Pour tous les fils obligés de s'éloigner quelque temps de la terra mater, un immense espoir était donc né, celui de pouvoir réintégrer pleinement la société haïtienne en tant que fils légitime. Mais quelques dix, ou vingt ans plus tard, il ne subsiste même plus l'idée d'un dixième département qui élargissait les bras de la nation pour embrasser ses fils vivant à l'extérieur, alors que la classe de *dyaspora* elle, a pris corps et champ dans la société en la morcelant un peu plus.

Les élites du pays ont imposé cette nouvelle catégorie pour éviter toute confusion avec elles et toute intrusion indésirable en son sein. Car le *dyaspora* est avant tout, un fils du peuple ayant touché du doigt la fascination des élites. Dans les grandes villes du monde : Santiago, Miami, New York, Québec, Paris…, il a pu constater que les élites haïtiennes perdent de leur superbe, et se fondent dans la masse. Il a compris que dans les cours internationales, elles jouent petits, elles marchent en dessous des radars et acceptent toutes sortes d'humiliations pour être tolérées. Et surtout comme lui, elles sont confrontées au racisme et à la xénophobie. Beaucoup d'Haïtiens, stars et anonymes n'assumaient point leur origine. Ils omettaient d'en parler et cherchaient à la cacher, à la gommer par n'importe quel moyen. Enfin, il voit peu d'écrivains, de philosophes, peu de docteurs, d'ingénieurs, peu de marchands d'art pour défendre les couleurs d'Haïti. Ils ont fui les rangs, laissant les plus humbles répondre présents pour mener la lutte. Parmi eux, les musiciens du konpadirèk qui, en s'installant en terre étrangère, ont continué à vivre et à faire vivre leur culture, à rassembler les Haïtiens. Ils ont tenu haut le flambeau et chanté inlassablement à pleine gorge : Haïti ! Haïti ! Haïti ! Aujourd'hui, ils représentent le dernier bastion où résiste le grand rêve haïtien.

Conquérir l'égalité.

Les Haïtiens depuis leur île caribéenne, ont-ils entendu et assimilé le message porté par les Lumières sur le continent européen ? En tout cas, au début du XIXe siècle, ils sont passés de la théorie à la pratique, en combattant pour donner une réalité à la philosophie humaniste prônée par les intellectuels européens. Les noirs ont forcé les barricades, les barrières érigées pour entraver leur marche vers la liberté. Ils ont mis un frein salutaire à toutes les formes d'assujettissement, de domination sur la terre d'Haïti et ont décidé la dignité pour tous y compris les Africains et leurs descendants.

Ce faisant, ils ont ainsi démasqué l'hypocrisie des philosophes des Lumières qui, en parallèle à leurs discours humaniste et universaliste, investissaient dans la traite négrière. Et en posant l'acte d'élimination du système esclavagiste, ségrégationniste, et celui de la création d'une république noire et libre devant l'univers, les Haïtiens ont montré qu'ils sont des hommes libres dans leur pensée, cultivant un profond attachement à l'égalité entre les humains.

Le rêve dessalinien ne se limitait pas à la liberté des noirs, il se dessinait clairement les deux autres volets de notre emblème national : l'Égalité pour tous et la Fraternité avec tous. Il était prévu que l'ode à l'Égalité, soit dans le sillage de l'hymne à la Liberté. Il ne devait plus exister de colons, de colonisés, de maîtres, d'esclaves, de classes d'hommes supérieurs et inférieurs dans le monde et encore moins en Haïti. Ainsi au lieu de partir à la conquête d'autres territoires, nos pères ont plutôt aidé les autres à sortir de la servitude, de la domination des nations colonisatrices. Il s'agissait d'un changement total et profond de paradigme dans l'Occident colonialiste et esclavagiste.

Mais peut-être que nos pères ont été naïfs de présumer que leurs idées nobles suivraient leurs cours naturels dans l'esprit des générations futures, lesquelles les organiseraient les cultiveraient, afin que leurs desseins s'épanouissent sur la terre haïtienne et dans le monde. L'Égalité au même titre que la Liberté, est gravée dans la première pierre du pays. Elle est inscrite dans les gènes de chaque Haïtien, car l'abolition de l'esclavage comportait tacitement celle des classes. Pour la mémoire de nos Pères, chacun de nous doit être prêt à mourir pour l'Égalité, comme eux, ils n'ont pas hésité à partir à la conquête de la Liberté au péril leur vie. Et si nous chérissons cette liberté, nous devons savoir qu'elle ne peut pas survivre sans sa sœur : l'Égalité.

Dans la continuité des grandes idées autour desquelles la nation s'est construite, chaque nouvelle génération d'hommes naissant sur cette terre ou ayant le sang haïtien coulant dans ses veines, doit aimer, prôner, appliquer l'Egalité. Nous devons tous combattre l'idéologie raciste considérant les noirs comme des sous-hommes, et défendre une égalité réelle et effective entre tous.

Le combat pour l'Égalité n'est pas juste une idée, un idéal. Même si l'adversaire ne peut être personnifié, comme ce fut le cas avec le colon, ce combat se révèle aussi véritable, aussi nécessaire, aussi essentiel que celui mené pour la Liberté. Aujourd'hui face aux millions de carcans furtifs et d'adversaires fantomatiques, il prend des formes si diverses que son objectif apparaît même confus. Et certaines consciences, si mal éclairées et désorientées, même bien imbues de la cause, se laissent endoctriner jusqu'à agir pour le camp adverse. Mais établir une égalité entre les hommes dans le pays, reste fondamental pour Haïti, car il s'agit de consolider le socle sur lequel le pays s'est construit.

Nos fantasmes nous ont égarés, nous écartant peu à peu du chemin initié par les pères créateurs de la nation, nous ressaisir et revenir sur la voie qu'ils ont tracée, constitue le devoir primordial incombant à chacun de nous. Le message de nos ancêtres est brouillé et affaibli par des interférences de nature multiple, tous, nous devons œuvrer à le débarrasser des parasites, agir pour l'amplifier et le retransmettre en toute fidélité à la génération qui suit, car il s'agit bien de notre part de l'œuvre haïtienne. Que les Intellectuels s'intéressent aux masses populaires et les aident à définir, à poser les mots sur leurs désirs ! Que les Élus se lèvent et guident sur les voies de la construction humaine et de la réussite ! Que nos artistes créent les œuvres qui s'adressent aux Haïtiens et où ils sont le sujet central, afin que la Liberté acquise au prix du sang grandisse sur le sol d'Haïti et qu'elle engendre les conditions d'Égalité et de Fraternité dont nous rêvons tous ! Le peuple a soif d'une société haïtienne juste, respectueuse de la personne et de la nature. Sa difficulté à exprimer son aspiration sincère et légitime d'égalité ne doit pas occulter ce vœu.

Quelques-uns : hommes politiques, chefs religieux… ont compris l'Idéal d'Égalité que poursuit l'Haïtien ; mais malheureusement, ils l'utilisent à des fins personnelles, ou au profit de leurs castes. L'Égalité est clairement exprimée dans le titre du livre de Jean-Bertrand Aristide : « Tout homme est un homme ». Et n'était-elle pas aussi dans la démarche des Duvalier quand ils prônent une politique de « rehaussement » du rôle des *nèg mòn* au sein de la société, en les présentant comme les gardiens volontaires et farouches du temple haïtien, et mieux encore en les invitant à prendre place à l'intérieur, leur donnant même la place de *poto-mitan* (le pilier central, la colonne vertébrale) de leur gouvernement ? Les Duvalier ont joué sur cette corde sensible, ce besoin d'être un homme égal aux autres. Michel Martelly a suivi un schéma, une stratégie identique, il s'est appuyé sur les paysans laissés en dehors de la nation, en se portant candidat sous la bannière du Repons Peyizan, tout en se servant du konpadirèk comme monnaie d'échange avec eux. Et il ne s'agit que d'une réédition de l'histoire de Daniel Fignolé avec le MOP (Mouvement des Ouvriers Paysans).

Le Christianisme lui aussi, flatte l'ego du peuple, son désir d'égalité. Il l'utilise pour remplir les églises de tous les saints un peu partout dans le pays. Et elles fonctionnent à plein régime, certaines font trois fois huit heures comme les usines, en enchaînant les veilles de nuit, les services d'adoration, les jeûnes, les permanences sur les réseaux sociaux et téléphoniques. Si l'Église Évangélique plus précisément, a pu fleurir aussi bien et aussi vite en Haïti et gardé une grande vitalité jusque dans les communautés haïtiennes à l'extérieur, c'est qu'elle a su intégrer cette grande masse d'hommes exclue de la société, abandonnée sur le bord de la route comme des souillons, des pestiférés, oubliée au fond des trous comme des rats. Elle lui a redonné un statut d'homme, dans la « société évangélisée », en lui créant, en lui forgeant un rêve, qui malheureusement n'est qu'une invitation à l'abandon de la terre haïtienne. Une exhortation à l'évasion dans le bleu des cieux, vers d'autres terres imaginaires d'un monde hypothétique en cristal et or. Les églises brouillent encore plus notre réalité.

Et pourtant, malgré cette belle promesse, il ne semble pas que nos humbles frères fréquentent les temples évangéliques dans l'espérance de la vie éternelle dans un autre monde. Je me demande même s'ils y pensent vraiment. Ils n'embrassent pas non plus l'Évangile pour le blé, le lait en poudre, que distribuent les églises. Si cette affirmation était vraie dans les premiers temps de l'essor des évangélistes dans le pays, elle ne peut plus servir d'argument prouvant le ralliement et la fidélisation des Haïtiens à ces églises, car depuis longtemps déjà, il s'avère que ce sont plutôt eux, les fidèles, qui alimentent les caisses. Ils sont volontaires, et se battent même pour s'acquitter de ce devoir. Et pour eux, cet acte n'engendre point l'espoir de recevoir en retour le double ou le triple de leur don, comme le dit la parole biblique; mais il s'inscrit plutôt dans une simple logique d'existence, celle dont l'unique but est de continuer à bénéficier de ce statut social que confère le microcosme des églises évangéliques. Car elles représentent le seul endroit où ils ont le sentiment de vivre l'Égalité qu'ils ont toujours louée, la seule institution qui les laisse encore croire qu'ils sont des hommes à part entière.

Crier, chanter l'appel au Rassemblement.

L'autre rengaine sempiternelle cristallisée à l'intérieur de la complainte haïtienne est l'appel au rassemblement. Comme un écho du Grand Rassemblement du Bois Caïman, il retentit sur toutes les lèvres, dans toutes les chansons et sous toutes les formes. Il s'immisce partout, et même se banalise au point de perdre sens et essence. « *Tèt ansanm* », « *Kole zepôl ak zepôl* », « *Men kontre* », « *Youn ede lôt* » (réfléchir ensemble, donner l'accolade, unir les efforts, s'entraider), mais la portée de nos chants est si diminuée, que tous ces aphorismes, vibrant puissamment de nos poumons et appelant à l'union, à l'entraide, à la solidarité, ne semblent plus procéder d'aucune réalité. Les cercles imaginaires, les groupes sociaux créent des divisions qui nous éloignent les uns des autres. Les multiples vides entre nous ne cessent de s'agrandir pour devenir des abysses, tant les frontières sociales empêchent toute union. On dirait que les failles de la croûte terrestre traversant l'île se seraient propagées dans la société.

Le beau son rond et aérien du lambi rassembleur, animé par le souffle et l'esprit des hommes libres, ne voyage plus au loin, à travers les paysages et parmi les hommes et les femmes comme au temps du marronnage. Il ne semble plus posséder la capacité de parcourir les distances. Il se perd dans les vides sociétaux créés par nos contemporains, dans les divers trous du pays : Petit Trou de Nippes, Sal Trou, Trou du Nord… Tous les trous, les ravines macabres et les falaises cannibales jonchant notre espace, que nous ne comblons pas, que nous ne voulons pas prendre en compte. Toutes ces cavités ne cessent de fausser les résultats de nos calculs et de contrarier nos attentes. Elles cabossent les hommes, déforment le paysage, handicapent le pays, engloutissent et annihilent les signaux du lambi soufflant l'heure du rassemblement fraternel, de l'union pour la construction d'un destin commun.

Et pourtant, il est difficile de reprocher à l'Haïtien le manque d'esprit de partage et de solidarité. Il connaît et pratique le Vivre Ensemble à un très haut niveau. Avec ses maigres moyens, il accourt toujours porter secours à ceux qui en ont besoin. Dans les moments difficiles : la maladie, la mort, les catastrophes de la vie, il répond toujours présent. Il semble tout naturel à l'Haïtien de partager sa table, « *Manje kwit pa gen mèt* » (toute personne présente a droit à une part de la nourriture préparée) dit le proverbe. Le nombre restreint de *gran manjè* et de familles d'ogres et de gargantuas, ne suffit pas à effacer, ni même à contredire l'hospitalité légendaire de l'Haïtien.

Le partage et l'entraide sont inhérents à la culture du pays. Les Haïtiens préfèrent s'entasser à plusieurs dans une petite chambre plutôt que de laisser un frère dormir sous un pont. Notre culture rend chaque adulte responsable de tous les enfants de son environnement. Il le sait et il agit comme un parent, même si lui-même n'a pas d'enfant. Dans la grande majorité de famille haïtienne - entendez par là, les parents et leurs enfants, mais aussi les tantes et oncles, les cousins et cousines formant en moyenne une bonne douzaine de personnes - il arrive qu'une seule personne d'entre elles travaille et subvienne aux besoins de tous les autres. La diaspora haïtienne se prive, se saigne littéralement pour pouvoir aider la famille en Haïti et parfois même les voisins. L'esprit d'entraide est inscrit dans les fondements de notre culture, de notre philosophie de vie, de nos croyances.

Le Prix Nobel d'Économie John Nash soutient que la prospérité d'un groupe est proportionnelle au degré d'entraide de ses membres. Cependant malgré le haut niveau d'entraide inconditionnelle dans le groupe haïtien, la pauvreté prime. La raison est sans doute la spoliation, la dépossession de la population par le petit groupe qui s'approprie de tout. Il s'applique à retenir l'Haïtien dans un état servile, le privant de tous moyens économiques, sociaux, politiques, culturels… Nous comprenons donc que ce ne sont pas l'union et l'entraide qui nous font défaut, mais plutôt la définition du « nous » qui nous handicape.

Les cors sonnant la chasse aux hommes et aux femmes épris de liberté se sont éloignés de l'île. Malgré la distance, ils continuent de résonner et leurs tintamarres infernaux brouillent les signaux du lambi. Aussi nous manquons de conques que nos mers devenues boueuses ne produisent plus en quantité suffisante. Nous manquons de souffle que nos poumons fatigués peinent à produire encore et encore. Nous manquons de puissance pour pousser nos signaux à traverser les multiples gouffres du pays sans qu'ils se fassent absorber.

Alors le chant du rassemblement persiste mais il se résume à une petite musique de fond que les chœurs ronronnent en ordre dispersé. Rejaillira-t-il un jour avec sa puissance d'antan ? Il ne saurait en être autrement. Fervents mélomanes, les Haïtiens ne peuvent pas rester toujours sourds à ce chant rassembleur, aussi faible qu'il puisse être de nos jours.

Les musiciens du konpadirèk ne cessent de l'amplifier et de l'intégrer dans leurs musiques modernes, en recherchant la cohésion et l'harmonie pour une société plus juste, plus équitable. On peut l'entendre dans le roulement persistant de leurs tambours, dans les soupirs périodiques de leurs toms basses et médiums. Il ronronne dans le son cuivré de nos grands saxophonistes. Il bouillonne dans les jeux synchrones des guitares, dans les plaintes et les gémissements des synthétiseurs. La percée du konpadirèk chez les paysans qui ne se laissent rien imposer, s'explique d'abord par la réception de cet appel, le décodage de ce message que le rythme porte en profondeur.

Il ne faut pas se fier à la dislocation systématique des groupes pratiquant la musique populaire. Cette musique a beaucoup contribué à rassembler la société haïtienne. Elle a su réunir en chœur les Haïtiens, et chorégraphier leur danse. Et les groupes de konpadirèk restent les seuls à partager avec tout le monde leurs musiques et leur amour, et à se produire partout où vivent les Haïtiens, parfois même au péril de leur vie, dans les provinces les plus reculées, dans les villes réputées dangereuses, ou dans les grandes métropoles du monde.

Ainsi le konpadirèk, en aidant les Haïtiens à s'exalter et à traverser les moments les plus sombres, en chantant leur rêve, leur désir d'égalité, en relayant inlassablement, l'appel à la fraternité issue du Grand Rassemblement, a prévenu l'égarement et l'éparpillement. Il devient donc un creuset culturel, et il resserre les liens entre les fragments épars de la société.

LA MUSIQUE ET LA POLITIQUE
DEUX POUVOIRS COMPLÉMENTAIRES

Toutes les paroles et toutes les musiques, peu importe leur origine, peu importe le niveau culturel de leurs auteurs-compositeurs, résultent d'une réflexion, d'une quête dans l'inconnu accessible. Et tout en s'inscrivant dans la transcendance, elles expriment toujours un vécu, transportant ainsi des informations relatives aux mœurs comme le veut Confucius, mais aussi à la philosophie, aux rêves, au désir d'un homme, d'un groupe, d'une société.

Un créateur, même s'il ne fait que chanter, ne peut être comparé à une cigale, il produit toujours un témoignage de son époque. Sa musique en tant que langage intellectuel apporte un angle de vue, un éclairage sur sa pensée et sur son monde. Ainsi, en plus d'être un art libéral, la musique peut être utilisée comme instrument d'analyse sociale, politique et philosophique. Toujours subtile et réflexive, elle permet de déduire les pensées cachées mais opérantes dans une société à une époque donnée. Les livres de partitions et les discographies se présentent alors comme de véritables feuilletons, laissant découvrir à travers les pages et les plages, les coutumes, les histoires parfois secrètes des sociétés, les rêves, les motivations des groupes humains.

Au fond, les musiciens créateurs fonctionnent tels des réceptacles, des catalyseurs, des caisses de résonance. Ils représentent des transducteurs, des canaux par lesquels transitent les ondes furtives traversant notre monde, qu'ils tentent de transcrire dans le langage musical. Ils captent en leurs états des vibrations inaudibles aux autres, qu'ils décodent et amplifient pour les mélomanes. À travers les rythmes et les mélodies inventés, ils les rendent audibles et intelligibles au plus grand nombre, même aux durs d'oreille et aux humbles d'esprit. Eux seuls possèdent cette faculté particulière de capter dans l'air du temps la musique ambiante gouvernant les gestes et les mouvements réflexes, la danse subtile et inconsciente des humains. Ils jouent donc le rôle de porte-parole divulguant des idées, qui ne sauraient rester cachées dans le silence.

Les instrumentistes de leurs côtés jouent le rôle d'activateurs de cette communication multiforme. En exerçant des pressions sur des peaux, des cordes, des lamelles de bois ou de fer, ils donnent naissance à des ondes qui entrent en résonance avec l'auditeur. Quand le musicien donne dans sa musique la bonne pulsation, le bon groove, quand le musicien et l'auditoire oscillent sur la même et bonne fréquence, il devient plus aisé aux messages d'atteindre les cœurs et les consciences. L'auditoire qui les reçoit, les renvoie aux musiciens, dans sa gestuelle, dans sa danse, ainsi se crée une osmose entre les deux, laissant circuler les ondes musicales harmonieuses et régénératrices porteuses d'informations de diverses natures.

Mais cette relation communicationnelle ne peut s'établir que si la musique est d'inspiration authentique, que si elle constitue un reflet de son temps, un pur produit de sa culture. Elle doit aussi utiliser un langage propre émanant du cœur et des entrailles. Elle ne peut pas être une pâle copie, une simple répétition, un écho d'ailleurs. Si tel est le cas, la musique peut paraître harmonieuse, les accords rythmiques et mélodiques peuvent être corrects ; mais dans ses ondes inaudibles néanmoins perceptibles, elle restera plus proche du bruit, de la cacophonie, perturbant le dialogue intime, contrariant la relation essentielle entre le musicien émetteur et le public récepteur. Et dans ces cas-là, la musique trouble le rapport entre les hommes, plutôt que de l'harmoniser.

Les musiciens par les chants, les rythmes, les sons venant de leurs âmes agissent sur leurs auditeurs. Ils les font chanter, danser, crier. Ils leur apportent de l'énergie, de la puissance comme ils les accablent, les rendant mélancoliques. Ils les agitent comme ils les apaisent. Ils les réveillent comme ils les endorment… Il ne s'agit pas d'un hasard si dans presque toutes les traditions, les rituels s'accompagnent toujours de musiques appropriées. Et en Haïti, la musique rythme tout, l'Haïtien en a toujours besoin en support. Et qu'il soit mélomane ou non, il la vit de façon interactive. Il n'est jamais un consommateur passif de la musique. Et comme si tout un chacun était arrangeur, aux chants et aux danses, il s'arroge souvent le droit d'apporter sa propre approche, de modifier des parties entières, d'ajouter des paroles à des mélodies, de modifier les tempos. Et souvent les accords, les eurythmies se révèlent si parfaits, qu'ils étonnent même les magiciens de l'art, les obligeant à en prendre de la graine. Les meringues carnavalesques n'acquièrent leurs versions définitives qu'après les premiers défilés de rues, où les fans ajoutent leurs pointes de sel et de poivre. Ils chantent et improvisent des refrains, des ponctuations rythmiques. Ils dansent et donnent la bonne pulsation, en tapant du pied sur le sol, comme des danseurs de claquettes. Il en est ainsi en Haïti, la musique se vit pleinement et intensément dans la tête et dans le corps. Le commun des Haïtiens, toujours avec désinvolture, ressent la musique aussi intensément qu'un danseur étoile de l'opéra ou un musicien-soliste d'un *big band*, d'un orchestre symphonique.

Les mélodies et les rythmes, les musiques en général expriment pour nous une réalité plus profonde que de simples pressions acoustiques dans l'air. Dans le jeu d'un instrumentiste se trouvent souvent des appels, des codes que les initiés entendent et auxquels l'assistance répond par des cris ou des danses. Tout cela était vrai à l'époque de l'esclavage où il était nécessaire de communiquer sans que le maître puisse saisir le message, et le reste aujourd'hui encore, où nous utilisons la musique comme un exutoire. En Haïti, le seul moment de la vie où toutes les classes sociales s'unissent dans la paix et la joie, à danser et à chanter le même refrain, reste le temps carnavalesque. La grande messe musicale qui transcende les clivages politiques et brise les cercles fermés discriminantes de la société, en réalisant une communion nationale. Et peu importe l'état des comptes du pays, les gouvernements ne lésinent jamais sur le financement du carnaval.

Autrefois, les chants carnavalesques exerçaient une influence directe sur l'issue des élections. Des groupes comme Otofonik et La Grande Puissance précipitaient des chutes présidentielles rien que par leurs *méreng*. Dans les provinces l'incidence des carnavals des *rara* sur la vie sociale était tel que si une personne par malheur, est visée par leurs chants, elle n'avait d'autre choix que d'abandonner la zone. Les *rochan* (chant d'honneur), les *chante pwen*, (chansons à l'adresse d'une personne de l'assistance sans qu'elle y soit nommée clairement), les textes satiriques codés constituent les canevas, les fondements de toutes les tendances de la création musicale haïtienne. Et, quelle que soit sa forme, la musique est inextricablement liée au social et à la politique. Et souvent, même sous ses apparences les plus folles, la musique se révèle engagée. Les textes, les mélodies et les rythmes présentent toujours plusieurs niveaux de lecture, d'écoute, de perception, car la musique joue le rôle de support de communication, de combat et d'exaltation dans notre tradition.

Le konpadirèk, tirant toute son énergie de ses racines plongées dans la culture profonde du pays, ne pouvait que reprendre les mêmes schémas fonctionnels. Il a répercuté dans sa production l'idée de lutte et de résistance caractérisant la musique haïtienne et se propose de transcrire le message fondateur de la nation en un langage actuel à la hauteur de la société contemporaine. Et au regard d'éléments factuels, il le porte beaucoup plus loin et à un plus grand nombre. Avec lui l'éveil des consciences par le biais de la musique s'est décuplé.

Les politiques, ont longtemps compris les bénéfices qu'ils peuvent retirer, en se servant de la musique, d'où la présence systématique de musiciens dans leur entourage proche. Pour augmenter leur pouvoir d'attraction, ils s'appliquent à garder près d'eux les plus influents. Ces derniers devenant des soutiens électoraux assurent le spectacle lors de leurs meetings. Certains politiques vont plus loin, et essayent d'avoir la main mise complète sur des musiciens ou des groupes musicaux. Ils cherchent à les subordonner, alors que la musique confère à ceux-ci un pouvoir supérieur. Comme Nelson Mandela le disait : « La politique peut être renforcée par la musique, mais celle-ci a une puissance qui défie la politique ». Et il avait sûrement raison. Les tribunes politiques de Manno Charlemagne utilisaient les canaux de la musique pour atteindre des franges de la population qu'ils n'auraient jamais touchées en écrivant les plus vibrants discours politiques de la terre. Ainsi qu'il l'a dit, il s'est servi de la musique, pour véhiculer ses idées politiques pendant la dictature. Il a su le faire aisément, d'autant plus qu'il ne se considérait ni chanteur, ni musicien, mais juste un utilisateur du support musical.

Les relations entre la musique et la politique ont toujours existé, elles remontent à la nuit des temps. Elles sont étroites et se nourrissent d'amour et de haine. Rendre gloire en musique est une pratique vieille comme le monde. Les psaumes dans la Bible portent le nom sans équivoque de Livre des Louanges, dans le sens de chant de gloire. Dans tous les pays du monde, les personnalités sont reçues avec trompettes et tambours, au son de chants d'honneur, d'hymnes nationaux. En Haïti cette pratique officielle est passée dans l'ordinaire et est devenue le traditionnel *rochan*, qui oblige les groupes à s'arrêter devant les demeures des personnalités notoires pour les saluer, ou à marquer leur entrée dans les salles de bal ou de concert par une musique spéciale à leur intention. Les hommes politiques comme les musiciens adorent l'honneur et la gloire d'où qu'ils viennent. Ils apprécient bien les musiciens, et eux, aiment leur bonne grâce. Au contact de ces derniers, les premiers accèdent à un univers différent, mais ayant la même finalité d'assise d'une popularité. Il se crée souvent entre les deux meneurs un champ magnétique fort, ils s'attirent mutuellement. Bien sûr, d'un autre côté, il arrive que des musiciens aient eu maille à partir avec des hommes politiques, des notables, des clercs, quand ils utilisent l'art pour les défier, les narguer. Des gouvernements ont eu à interdire des chansons sous prétexte divers : immoralités, subversions, sarcasmes… Mais dans la majeure partie des cas, les politiques préfèrent s'associer avec les musiciens, et entretenir avec eux de bonnes relations en leur offrant leur protection et des privilèges.

Le président Fabre Geffrard a choisi comme devise : « La civilisation par la musique », et a ouvert des écoles de musique partout dans le pays. A contrario, Nissage Saget, appréciant peu la musique, a même dissous l'orchestre du Palais National. Certains présidents ont quelquefois voulu être directifs jusque dans les choix artistiques, tel Antoine Simon qui a imposé un titre unique au carnaval, orientant ainsi l'inspiration et évitant les débordements des créateurs opposés à sa politique. Selon les historiens, l'empereur Jean-Jacques Dessalines aimait beaucoup danser la *mereng*, que des soldats-musiciens lui jouaient entre deux combats. Le président Dumarsais Estimé avait un goût très poussé pour la fête, et Paul Eugène Magloire est décrit comme un jouisseur hors pair. Il avait ses habitudes à Cabane Choucoune, l'orchestre Saieh saluait son arrivée en exécutant un titre qui devenait son hymne personnel officiel.

Chez les Duvalier, si durant sa présidence, le fils s'amusait gaiement et fréquemment dans les salons du Palais National, et finançait même des *minidjaz*, particulièrement le Bossa Combo, dont il aurait été le propriétaire ; le père lui, tout en ne laissant deviner aucune préférence, s'appliquait à utiliser la musique pour asseoir son pouvoir sur le pays. Durant les périodes, des festivités carnavalesques où les polémiques musicales allaient bon train, les deux plus grands orchestres du pays de l'époque, ceux de Nemours et de Sicot divisaient la population de Port-au-Prince, en deux grands groupes de *fanatik*, des fans dans le genre hooligan, prêts à s'entredéchirer pour leurs couleurs. Pour regarder le défilé et recevoir les honneurs, la famille présidentielle se réunissait au balcon du Palais National, les uns portant les couleurs de Nemours, et les autres, celles de Sicot. Ils entouraient Duvalier s'habillant de couleurs neutres ou en militaire, jouant ainsi sur les deux tableaux. En restant au-dessus de la mêlée, il endossait le costume du grand personnage central, du père unificateur de la nation !

En réalité, sa vie dédiée à la conservation de son pouvoir politique ne lui permettait pas d'afficher une quelconque préférence musicale, sujette à interprétation : telle une faiblesse par exemple. Il avait sûrement un penchant musical, peut-être même autant qu'Aristide qui a tenté, sans succès, de surfer sur la musique en chantant et en s'accompagnant à la guitare, mais Duvalier ne laissait rien transparaître tout en soumettant les artistes à glorifier sa bonté paternelle, son pouvoir sans limites, sa présidence à vie, son nom. Et aux groupes les plus dithyrambiques, il donnait souvent une enveloppe. Il aurait aussi financé régulièrement le groupe musical : « L'Avenir » dont le répertoire était exclusivement composé de musiques en son honneur et à sa gloire. Des chansons quelques fois épiques, destinées à mobiliser, à inciter, les macoutes à montrer du zèle, dans la défense du régime.

Un pied dans la musique, un autre dans la politique.

Les circonstances m'obligent à répéter que la vie du *djazmann* se déroule souvent comme un réel conte de fées. L'élection de Michel Martelly, laquelle a vu l'intervention ouverte d'un ambassadeur américain dans le débat politique en Haïti, en est l'exemple parfait. Avec elle, le rêve haïtien semble dépasser l'américain, et montre au grand jour, l'étendue de l'influence de la musique sur la société haïtienne.

Michel Martelly l'a avoué, il n'est parti de rien. Il a créé son groupe de musique, alors qu'il n'était même pas un musicien accompli. Le hasard a posé dans un coin de son salon un piano. Il prenait de la poussière, un coup de chiffon et deux accords plus tard, le voilà leader de groupe musical, chanteur adulé, superstar… Et pour couronner le tout, il s'est appuyé sur son succès musical, sur sa popularité d'artiste, pour se faire élire Président de la République.

J'ai reçu un appel d'une amie de la diaspora haïtienne en Europe, la voix voilée, elle m'a avoué son grand désespoir dans un soupir à crever le tympan : « À force de répéter que c'est un pays d'artiste, m'a-t-elle dit, le peuple a fini par confier son destin à un artiste. Hm ! ». La honte et la douleur s'entendaient sans peine dans l'intonation de sa voix. L'interjection ponctuant la fin de sa phrase, souligne l'agacement et aussi la rage qui déchirent son être de l'intérieur. Si elle pouvait, elle changerait sans hésiter le cours des évènements au pays. Mais devant accepter le choix des urnes, elle en était exaspérée.

Je la connais bien et depuis longtemps pour attester qu'elle est une vraie démocrate et amatrice de la culture haïtienne. Elle a toujours œuvré pour faire vivre et connaître l'art haïtien, à travers des expositions, des soirées dansantes, des débats qu'elle organise elle-même ou qu'elle aide à organiser. Et malgré tout l'amour qu'elle a toujours montré pour l'art, malgré tout son dévouement pour aider les artistes, les créateurs : musiciens, danseurs, écrivains, peintres… Elle ne semble pas près d'accepter l'idée d'un musicien à la présidence du pays. Elle m'a expliqué sa grande méfiance vis-à-vis des artistes dans la politique et m'avoue être perplexe quant à la capacité d'un chanteur de konpadirèk à commander la nation. Inconsciemment, elle s'est laissé entraîner à changer de bord et à rejoindre le groupe qui considère le musicien comme un vaurien. Comme si d'un seul coup, tout avait basculé dans son esprit, elle ne croyait plus en la force et au pouvoir de l'art d'embellir la vie, de changer le monde.

Dans son for intérieur, elle ne pouvait pas accorder le moindre crédit à un musicien de konpadirèk, même si celui-ci serait doté de grand talent, de dons exceptionnels. Elle ne pense pas qu'il peut écrire ou simplement contribuer à rédiger une page différente, belle et sublime de l'histoire du pays. Selon elle, un chanteur ne peut que clamer dans ses chansons un message pour éveiller les consciences. Le rôle d'un musicien se limiterait donc à transcrire en musique certaines revendications sociales ou politiques, sans intervention directe. Au fond, ce n'est pas qu'elle ne croit point en la transversalité, mais elle se pose la même question que le chanteur Bernard Lavilliers qui, s'inspirant de l'élection de Martelly, se demande dans une chanson, que peut l'art. Que peut l'art, contre toute la misère noire et toute la détresse humaine qu'il a vues en Haïti, chante l'artiste français. Et son interrogation n'est pas dénuée de sens, car le grand hit « USA for Africa » n'a pas apporté de changements sur le continent africain. Ni les cris, ni les vociférations des rappeurs n'ont rien changé non plus, dans les ghettos des grandes villes du monde ; sinon à peine quelques prises de conscience, et des idées d'associations, de fondations, visant à entreprendre ou à supporter des œuvres humanitaires, des actions sociales.

L'engagement de Michel Joseph Martelly dans le social puis dans la politique est inscrit dans la logique d'une intervention directe des artistes voulant passer de la subjectivité à l'objectivité. Son élection et celles des autres musiciens, l'ayant devancé ou succédé, en tant que maires, députés, sénateurs découlent de ce même raisonnement. Des artistes, en évoluant dans l'entourage des politiciens, ont pris conscience de leur potentialité, ou ont simplement saisi l'opportunité de se lancer dans la politique. Elle représente pour eux un moyen beaucoup plus sûr de mener des actions concrètes sur le terrain, mais aussi pour nombre d'entre eux, une meilleure garantie de salaire. Les Parent, Delly François, Manno Charlemagne, Herman Nau, sont passés de musicien à un poste de magistrat, ou de ministre, tentant ainsi de combler leur frustration.

Les élections de ces artistes paraissaient à première vue improbables, elles laissent donc un goût amer sur les lèvres des cercles sociopolitiques. Des musiciens qui, dans leur grande majorité sont issus de milieux modestes, gagnent en notoriété à travers la musique et provoquent leur destin en briguant un mandat politique. Ces hommes n'ont pu accéder aux postes décisionnaires des villes, du pays, qu'en s'appuyant fortement sur leurs notoriétés d'artistes-musiciens. Aujourd'hui, en Haïti et ailleurs dans le monde, des musiciens ont peut-être compris qu'ils pouvaient, prendre le pas sur les politiques. Les Gracia Delva, Martelly, Don kato, Jackito, etc. ont intégré l'idée et employé la force, la puissance de la musique, pour réussir en politique.

Ce cheminement n'est pas réservé seulement à la sphère politique, la musique conduit vers tous les sommets. Dans le sillage de leurs succès musicaux, d'autres ont marché vers une réussite religieuse, et grimpé à un niveau supérieur sur l'échelle sociale du pays. Le chanteur de musiques évangéliques Rémy Lochard, après avoir invité les fidèles évangéliques à chanter et à pleurer, s'est ordonné Pasteur, portant la bonne nouvelle de temple en temple, en Haïti et en sa diaspora.

Martelly est passé sans encombre de chanteur de konpadirèk à la Présidence de la République, de la musique à la politique, sans avoir marqué ni étapes ni pauses, comme s'il existait un lien direct, un sillon creusé entre les deux arts. La veille, il était un musicien à la cour, un amuseur de la galerie, chantant qu'il est le président du konpadirèk; le lendemain, il siège sur le trône et aurait pu prendre ses ex-frères musiciens pour amuser sa cour. D'une plaisanterie, d'une blague musicale, il est passé à la réalité sérieuse des affaires politiques. Beaucoup d'observateurs ont cru vivre un cauchemar en plein jour, car ils ont oublié, ou n'ont pas pris en compte la dimension supérieure de la musique, qui est la première des religions en Haïti.

Sous la dictature, les Haïtiens étaient inhibés par la terreur, ils n'osaient pas exprimer leurs idées politiques. De nos jours, ils sont obnubilés par trois activités : la musique, la religion et la politique. Ils compensent les décennies de privation en se jetant en entier dans la politique, tout en se remettant dans les mains de Dieu pour changer leur situation sociale, quand les plus jeunes suivent la voie musicale. Un balayage rapide des trop nombreuses stations de radio et de télévision du pays montre que depuis l'aube jusque tard le soir, il n'est diffusé que des prières et des prêches, des informations et des interviews politiques et de la musique à grands flots. Des émissions s'adonnent durant de longues heures à critiquer les gouvernements, les hommes politiques. Les journalistes vedettes reçoivent tous les jours des invités, ou organisent des interviews téléphoniques de professeurs, d'avocats, de politiques, de responsables d'associations de tous les coins du pays, et de la diaspora. Les journaux publient des articles, et des billets de n'importe quel blogueur, mais toujours autour des mêmes sujets : musique, religion et politique. Et tous les Haïtiens y participent activement, en intervenant par téléphone dans les émissions, en écrivant de longs commentaires sur les réseaux sociaux, en publiant des messages vocaux ou vidéo où ils critiquent, analysent et proposent des solutions souvent pour le moins saugrenues. Et pourtant, aux diverses élections organisées ces derniers temps, les faibles taux de participation contrastent systématiquement avec les orgies verbales dans les rues, sur les ondes et la toile qu'engendre la politique.

D'aucuns s'interrogent au sujet de l'utilisation de la musique comme tremplin politique, est-ce prostituer son art ou rabaisser la politique au niveau de la comédie ? Mais cette approche ne permet pas d'expliquer le phénomène grandissant de musiciens bifurquant vers la politique. L'élection de Michel Martelly lève d'abord et avant tout le voile sur les aspirations du peuple et ses débrouillardises pour sortir de sa situation de misère. Si elle n'est pas abordée sous cet angle, elle restera une énigme même pour nos plus grands sociologues et politologues. Leurs analyses laisseront toujours trop de questions ouvertes, car n'analysant pas les causes profondes expliquant les mécanismes qui ont conduit un chanteur de konpadirèk à passer sans transition de Henfrasa au Palais National.

Un choix populaire plutôt dérangeant.

Après avoir applaudi ardemment un général de l'armée, le peuple s'était montré prêt à se sacrifier pour un prêtre polyglotte, avant de plébisciter un chanteur de konpa, en organisant des manifestations de rue pour lui exprimer son amour inconditionnel. Le général est un cas particulier, il n'a pas connu le verdict des urnes, comme le prêtre et le chanteur. Mais à l'instar de ces derniers surnommés affectueusement Titide, et Tèt Kale, il a quand même eu droit à un petit nom : Chouchou. Témoignage de la place de choix, qu'un temps, il a occupé dans le cœur du peuple. À son heure de gloire, il a donc eu droit, tout comme les deux autres, aux chants d'honneur, aux danses frénétiques et aux cris de joie d'un peuple croyant voir enfin son sauveur. À part la nationalité et la présidence du pays, ces trois personnalités ne possèdent rien en commun. Ils sont même à l'opposé les uns des autres. Le peuple comme un enfant capricieux les applaudit fiévreusement l'un après l'autre et peu de temps après les rejette, comme du vulgaire mouchoir papier usé.

Ce peuple dans sa fougue, transforme les urnes en un grand laboratoire, où il joue à l'apprenti sorcier, et se livre à des expériences hasardeuses. Il semble qu'il cherche la bonne formule politique qui lui permettrait d'exister, d'avoir une place dans la société. Les éléments à sa disposition étant en grand nombre et le produit recherché d'une grande complexité, il multiplie les essais tous azimuts en mélangeant des éléments hétérogènes dans ses tests. Certes, la cohérence et la logique de ses votes n'apparaissent pas au premier regard, mais aussi confus et aussi aléatoires qu'ils puissent paraître, ces votes partagent dans leur essence un dénominateur commun : une aspiration à un changement dans les fondamentaux même de la société.

Jeune et novice en démocratie, même naïf, le peuple croit que les urnes peuvent apporter le changement de société qu'il souhaite tant. Alors voter pour lui devient un acte de foi. Le dépôt d'un bulletin de vote dans une urne est tel un pari qu'il contracte sur son avenir d'homme. En effet, il joue sa vie, celle de ses frères et de ses sœurs, celle de ses enfants. Il convient donc d'entendre derrière ses choix disparates les appels au secours d'un peuple à bout de souffle. Il crie, il implore tous les saints de marbre de lui tendre une oreille divine, ou au moins humaine. Il faut voir à travers ces votes les brasses coulées, les derniers efforts d'un peuple fatigué de nager, s'accrochant à n'importe quelle branche pour essayer de maintenir la tête hors de l'eau. Et quoi qu'il est possible d'entendre ou de lire à propos des élections en Haïti, depuis la fin de la présidence à vie, le résultat des votes exprime toujours la conviction d'une part non négligeable de la grande masse populaire.

Le peuple se bat pour une autre société démocratique, plus juste, plus humaine. Et il se comporte en digne héritier de ses intrépides ancêtres, prêt à mourir pour celui qui épouse sa cause et préfigure ce changement de paradigme. Car il croit dans les idéaux de liberté et d'égalité. Il croit en la promesse d'un meilleur destin que lui fait miroiter la démocratie. Mais l'élite haïtienne ne l'entend pas de cette oreille. Elle considère les choix du peuple haïtien vils, et soutient la thèse qu'il manque de maturité démocratique. Elle affiche une opposition systématique et reformule la locution en : vox populi, vote pourri. Et, elle œuvre à l'encontre de tous les processus électoraux. Elle manipule l'opinion publique en dénigrant les élus populaires.

Les deux élections les plus symboliques, ayant soulevé le plus grand nombre de commentaires ces dernières années, restent celle de Jean Bertrand Aristide qui jusqu'à sa candidature, avait suivi sa vocation d'ecclésiastique et celle de Michel Joseph Martelly, musicien de konpadirèk. Et elles confirment l'interaction inextricable entre la politique, la religion et la musique. Mais contrairement au choix d'Aristide qui semblait emporter plus d'adhésions que de contestations, le choix Martelly a très fortement dérangé jusqu'à soulever de grandes indignations. Car encore plus que l'élection du prêtre qu'il est possible d'inscrire dans la théologie de la libération qui a traversé l'Amérique latine, celle du musicien exprime un changement inédit et inclassable dans les données politiques et sociétales dans le pays. Elle surprend et contredit tout ce que prônent les élites, la bourgeoisie, la belle société haïtienne.

Élire un chanteur de konpadirèk Président de la République n'est pas un événement anodin en Haïti. Il n'est pas non plus un acte irréfléchi, un vote banal du peuple. Le message envoyé par le peuple aux classes supérieures, aux élites par le choix Martelly est sans détour. En plus d'exprimer son profond désaccord avec les dictateurs à penser, la vraie nation, le peuple authentique en votant ou en approuvant Martelly, dit qu'il est toujours vivant et qu'il est prêt à se battre. Et pour ceux refusant de l'entendre, il répète qu'il ne se reconnaît ni ne se reconnaîtra jamais dans les regards hautains, dans les paroles hypocrites des politiciens et de leurs acolytes.

Il faut comprendre aussi que le konpadirèk en lui-même, symbolise déjà un changement radical dans la musique et la société haïtienne. C'est une musique conçue à une époque où les musiciens haïtiens cherchaient une arme pour combattre et exister, comme le peuple se bat, se défend pour se construire en homme, pour exister. La population haïtienne n'a pas élu Michel Martelly, pour transformer tous les jours de la semaine en mardi gras, tout le pays en *dancing island*, et l'inscrire dans le Guinness des records comme la plus grande piste de *gwouyad* du monde. Elle a plutôt répondu en chœur à un appel qui lui a été adressé à sa hauteur, avec respect et honneur.

Depuis plus de deux siècles, les paysans et les laissés pour compte crient au secours ; mais la classe dirigeante, les élites du pays restent sourdes à leurs pleurs. Elles vont jusqu'à ignorer leur existence de peuple, voire d'homme, parlant d'eux comme s'ils venaient d'une autre planète. Quand elles daignent leur adresser la parole, elles s'obstinent à employer un langage qui leur est incompréhensible. Elles n'achètent pas leurs produits. Elles ne reconnaissent aucune valeur à leurs œuvres, refusant de les rémunérer convenablement. La réussite des fils du paysan, du peuple, n'a de valeur que s'ils tournent le dos à leur origine. Ce que Price Mars dénonçait jadis est encore vrai aujourd'hui, et souvent dans des proportions moins admissibles. Ainsi dévalorisé au jour le jour, le peuple perdu accepte la première main tendue. N'importe quel tribun brisant le statu quo, lui promettant une case sur l'échiquier social est accueilli en messie. Goudou-goudou a dévoilé toute la faiblesse, tout le dénuement du peuple à la face du monde, et ce sont les artistes comme Wyclef, Gracia, Martelly, qui se sont retrouvés en première ligne dans les bas-fonds de la capitale et ailleurs. En tenant compte de ces actes honorables en ce moment de désespoir, des déceptions politiques accumulées par le peuple et aussi de ses amours et de ses aspirations, il devenait une quasi-certitude que si l'un de ces artistes se présentait à une élection, il la gagnerait. Et c'est ce qui s'est passé.

Mystérieux et troublant trio.

« Je ne suis pas le président des musiciens » a déclaré le « président du konpadirèk », rassurant ainsi le clan des élites et des bourgeois. Le Djoumbalah Night Club ne surclassera pas le Palais National, tout le monde l'a compris.

S'il fallait à tout prix donner des gages aux bailleurs de fonds, Martelly aurait pu argumenter que Manno Charlemagne n'a pas transformé la mairie de la capitale en une scène de spectacle. Mais, dans le flux du kompa *bashing* généralisé, il était sûrement plus adéquat de s'écarter de la musique populaire. Ce virage pris une fois élu, présentait l'avantage d'éliminer d'un seul coup deux éléments devenant gênants : le konpadirèk et le personnage Micky.

Pour se maintenir comme chef d'État durant les cinq ans que dure la présidence, il était certes nécessaire qu'il opère une transmutation, passant d'une bête de scène à un animal politique; mais l'abandon de ses pairs ne me semblait pas une obligation, ni même une option. Il aurait pu, sans encombre, imposer Micky le président, car une majorité le soutenait ; mais il a plutôt choisi de brouiller les cartes en jouant sur plusieurs tableaux. Il s'était déjà fondu dans le trio Alex, Welton, Micky, mais dont le dénominateur commun Sweet Micky, se résumait à sa personne. Il a donc rejoué son tour en politique, en réalisant la trilogie Micky, Tèt Kale, Martelly. Il a gardé le fonds de commerce musical Micky, a installé l'enseigne Martelly fonctionnant sous le consortium, le cartel Tèt Kale, devenu le parti politique : PHTK (Parti Haïtien Tèt Kale). Encore un nom à double tranchant. L'expression « *tèt kale* » exprime l'énergie débordante, l'endurance et désigne aussi le crâne rasé. Et Martelly a adopté le style de crâne rasé pour cacher sa calvitie. Comme pour son groupe de musique, il incarne donc le parti politique au nom découlant de son image. Tout se résume au personnage : Tèt Kale, son surnom. Et vu que le succès l'a accompagné, il a rallié sous sa bannière des hommes d'affaires, des politiciens de tout bord, des musiciens…

Il faut croire que Michel Martelly aime bien le mystère de la trinité. Est-il possédé ou imite-t-il les dieux tels Hermès Trismégiste ou la Divine Trinité ? Je n'en sais trop rien, mais la triade, semble-t-il, lui est obsessionnelle. Et c'est troublant, d'autant qu'il lui permet de réussir quelques tours qui épatent certains d'entre nous, clouent le bec à d'autres, et brouillent tout le monde.

Pendant que nombre d'Haïtiens se révulsaient de l'image de Micky le chanteur, le candidat; lui, était déjà à Martelly le président. Quand ils ont compris et ont décidé de combattre Martelly le président, il devance tout le monde et crée le parti politique PHTK, où il se fond. Il aurait été intéressant de voyager dans ce Martelly tridimensionnel, mais l'exercice peut s'avérer périlleux, car il est extrêmement difficile de cerner les personnages et d'en définir les contours. Tout en s'influençant les uns et les autres, chacun des personnages varie en fonction des deux autres, et des moments. La trinité qu'ils forment garde ainsi sa distance et son mystère. Les tentatives de disséquer le triumvirat, ont conduit les observateurs à leur perte. Ils reprochent à Martelly les frasques de Micky et les sorties de ligne de Tèt Kale. Quand Martelly s'accorde une parenthèse chansonnette au milieu d'une intervention politique, quand il esquisse un geste de scène en réunion ministérielle ou quand il se permet une danse au Pont Rouge devant la Tombe de L'Empereur, les adversaires critiquent; alors que le peuple perdu applaudit. Car l'engouement et le vote de celui-ci pour Martelly découlent de son amour pour Micky.

Mais à la fin, tout le monde est pris de vitesse, et aucun de ces personnages n'a de comptes à rendre. Sa schizophrénie servant d'excuse à l'amnésie, Martelly peut se permettre d'oublier, d'ignorer les musiciens de konpadirèk durant sa présidence, puis reprendre sa place dans le paysage musical sans avoir à se justifier, ni même à s'expliquer. Alors que toute sa campagne présidentielle était reposée sur sa notoriété et son vedettariat, construits au fil des années, comme professionnel de la musique populaire. Il a même pu se permettre le luxe de ne présenter ni programme ni projet. Il s'est servi du konpadirèk comme marchepied, aurait chanté Ti Manno s'il était encore parmi nous.

Le tsunami Micky.

Il se pourrait aussi qu'en recherchant le consensus, il s'est retrouvé dans l'obligation de se renier, car les premières attaques sont arrivées dès que sa possible victoire à l'élection présidentielle commençait à se dessiner à l'horizon. Quand les informations ont confirmé qu'une grande partie de la jeunesse, tous ceux qui chantaient et dansaient pour la candidature de Wyclef finalement écartée, s'était rangée derrière la candidature Michel Martelly, et qu'ont eu lieu des manifestations pro-Martelly, un ami m'a envoyé un courriel, contenant la petite blague en circulation. Elle est rédigée comme un slogan publicitaire ou politique, pour aller droit au but et avoir le maximum d'impacts sur les esprits : « Après avoir connu le *lavalas* (déluge, inondation) de Jean Bertrand Aristide et le tremblement de terre du douze janvier, le peuple haïtien va connaître le tsunami Micky ».

Rime et progression d'images catastrophiques se mélangent pour rendre la formule faussement belle dans la forme et dans le fond. La bonne et désobligeante blague ! En effet, le génie maléfique dans sa ruse, sait enrober de sucre ses bonbons aux acides sulfuriques et au cyanure.

À Port-au-Prince, à l'approche ou à la suite des élections, il circule toujours une, ou plusieurs blagues venimeuses. L'élite et les éléments satellites les inoculent dans le corps populaire comme les chercheurs réalisent les tests d'un virus sur un animal. Au fond, ces formules suggestives et autosuggestives, sont des moyens pour ces clans de procéder à une vengeance fausse et lâche chaque fois qu'ils se sentent en difficulté et qu'ils risquent de perdre leurs avantages. Elles s'abattent généralement sur l'Haïtien, le pays, ou se fondent sur un personnage notoire en particulier. Elles constituent un moyen efficace pour abattre sans coup férir des politiciens trop populaires, ou discréditer un homme ou encore jeter l'opprobre sur un groupe d'hommes dans la société. Elles utilisent des jeux de mots et des raccourcis entre l'haïtien et le français, permettant de déduire qu'elles sortent de l'imagination de la catégorie instruite. Certains milieux du pays raffolent de ces blagues méchantes et moqueuses, bien bourgeoises et bien assassines. Elles remplacent la politique infecte employée jadis, mais le message envoyé et le résultat recherché sont similaires : traîner dans la boue une personne, ou un groupe de personnes. Ces petites blagues très incisives viennent en éclaireurs, elles forment toujours l'avant-garde d'une attaque politique plus sérieuse. En caricaturant, elles discréditent, préparent le terrain et les esprits à recevoir les critiques acerbes qui suivront. Elles composent la première partie d'un spectacle politique maintenant connu, où le peuple joue à la fois le rôle de marionnettes et de spectateurs.

Lâches et sournoises, les élites se tapissent toujours en haut dans le noir, pour tirer les ficelles. Elles lancent anonymement des blagues d'apparence inoffensive, mais ayant pourtant un grand pouvoir destructeur. Ces histoires qu'on dirait drôles permettent à des idées monstrueuses d'avancer, cachées sous le rire des éléments satellites, inconscients et individualistes. Leur but consiste à déjouer la vigilance de la population et soulever en elle le mépris pour ses élus et ses frères.

Ces « petites blagues » sont racistes, pernicieuses, et leurs effets sont insoupçonnables. Il faut imaginer les ravages, que leurs messages implicites opèrent dans le subconscient des petits Haïtiens les plus fragiles. La première blague puante concernant Aristide, était arrivée quand sa femme était enceinte, elle était basée sur la période de gestation !!! Beaucoup n'ont pas soupçonné le sous-entendu raciste visant le président, et à travers lui toute la population haïtienne, noire, lèvres épaisses, cheveux bouclés, du pays. Et bien qu'Aristide ait obtenu 70 % de votes favorables à son élection, peu de temps après, il a perdu toute légitimité, rendant le coup d'État pour le déposer plus qu'admissible dans l'opinion publique. Sous le régime duvaliériste, Jacques Gracia, général de l'armée, en a pris pour son grade. Il était, paraît-il, peu lettré ou tout simplement analphabète, s'il faut croire les rumeurs.

Bref, revenons au tsunami Micky, une catastrophe proche du Déluge, car il fallait une plus grande catastrophe qu'un tremblement de terre, pour laver l'affront, pour effacer la honte, la monumentale gifle, que représentait l'élection du musicien Micky. Il fallait donc une réponse géante, sortant de l'ordinaire, comme l'est l'élection à la présidence du pays d'un chanteur de konpadirèk.

Vous l'avez compris, la démesure catastrophique du tsunami est utilisée pour montrer le choix du chanteur de konpadirèk par le peuple comme l'une des plus énormes absurdités de la nation. Comme si tous les hommes du pays avaient décidé un suicide collectif. Résumons l'idée dominante de cette blague : un tsunami à la hauteur du Déluge, capable d'effacer quasiment toute vie de la surface de l'île, et laisser l'espace, la terre à d'autres hommes supérieurs, qui ont su s'abriter dans l'arche du rire malsain, de la lâcheté et de la fuite.

Les blagues sont projetées dans la foule comme des balles perdues, des bombes à fragmentation. Elles touchent au hasard, elles perforent, elles traversent les corps et les esprits pour atteindre leurs cibles : l'Haïtien, le pays.

« Vous êtes en Haïti, et vous avez mal au ventre, prenez un cachet. Si le mal persiste, prenez un avion ! » (Rires aux éclats !)

En d'autres termes, il ne faut pas se rendre au cabinet d'un médecin haïtien. Prendre un avion pour n'importe quelle destination vaudra toujours mieux. Le praticien local, l'ami, le confrère, le frère, est discrédité, fustigé, traîné dans la boue. Et tout le monde en rit, au lieu de se révolter. Alors qu'il s'agit du rejet de l'Haïtien, du refus de le voir en tant qu'humain doté d'intelligence et de connaissance scientifique. Un humour sordide, pervers que utilisent les élites pour se croire autres, pour se soustraire de l'ensemble et se hisser au-dessus tous, en se délestant de toute leur négativité sur les autres : Haïtiens.

Dans le rire insensé, provoqué par le rabaissement, le dénigrement de l'autre, les élites haïtiennes cherchent une échappatoire illusoire à leurs responsabilités. Ni l'amour du rire, ni le marronnage, ne peut servir de prétexte à leurs manquements et leurs agissements. Si à tout prix, il faut user d'humour, la blague montrant le pays allant de catastrophe en catastrophe devrait intégrer la tempête continuelle que les élites soufflent régulièrement sur la société, poussant ses fils aux derniers retranchements ou hors du pays. Alors elle aurait été instructive, car dénonçant la vraie, la réelle catastrophe qui prive le pays de ses hommes, et qui dévore son âme.

Martelly : paroles, musique...

Martelly est le fils bien aimé, l'enfant terrible de la belle société haïtienne. Si la pratique n'avait pas vieilli, son groupe musical aurait eu l'étiquette régionale distinguée : « de Pétion-ville », comme les Gypsies, les Frères Déjean... Cependant, en se jetant corps et âme dans les bras du konpadirèk, il a cheminé au milieu du peuple et y a créé des attaches. Et comme il l'a sous-entendu, en disant qu'il connaissait les uns et les autres, il aurait pu symboliser un élément de liaison entre les groupes sociaux, s'il ne sombrait trop souvent dans l'indécence. Il est partout à son aise, dans les hauteurs chez les riches, les puissants avec lesquels il entretient des relations d'amitié ; mais aussi dans les bas-fonds, chez les humbles, les faibles, où il a créé des liens d'entraide forts et fraternels.

La musique est toujours à l'image de son compositeur. Si la production de Sweet Micky rencontre un franc succès dans le pays, cela vient d'abord de la sympathie populaire que l'homme manifeste. Il s'adapte et s'intègre dans n'importe quel groupe social. Il est l'ami qui transforme l'ambiance d'une soirée juste par sa présence et sa bonne humeur contagieuse. Il a l'esprit libre, c'est un bon *flannè*, c'est-à-dire jeune et sympathique, un peu dragueur, indiscipliné mais créatif, un peu dévergondé mais convivial.

Parce que le type montre toujours qu'il a confiance en ce qu'il est et ce qu'il peut, il croit que les solutions sont toujours à la portée de tous. Ainsi, il est toujours prêt à livrer bataille, au sens propre comme au sens figuré, et il laisse rarement deviner sa peur, s'il en a. C'est peut-être ce qui lui permet de réussir, là où tout le monde pensait qu'il échouerait.

Il est difficile de l'admettre, mais sa philosophie de vie retrouve celle de l'Haïtien en général ; au moins, elle en est bien ancrée. Cultiver la volonté d'aller toujours plus loin, plus haut, d'être inlassablement à l'affût du progrès est intrinsèquement haïtien. Chaque fils de l'île est toujours poussé à se dépasser et chaque nouvelle génération à améliorer l'œuvre de la précédente. Partir d'un statut de *djazmann*, une profession non reconnue, pour arriver à la présidence du pays, la plus haute fonction de la nation, figure un cheminement prodigieux et bien haïtien, qui est passé de l'esclavage à la Première République Noire.

L'Haïtien garde toujours au fond de lui le sentiment de n'être inférieur à personne. Il sait tenir tête, et n'a jamais peur de rivaliser. Il se bat toujours pour la liberté de se créer et de se réinventer. Il manifeste une farouche volonté de changer le cours de sa vie, par lui-même. Les familles se constituent souvent de pères analphabètes et de fils docteurs en médecine ou ingénieurs civils, de mères illettrées et de filles écrivaines. C'est tout le fondamental des Haïtiens. Un peuple capable de réaliser des exploits. Un peuple sachant se dépasser. Un peuple fier, altier, marchant de l'avant envers et contre tous.

Malgré tout ce qu'il est possible d'affirmer et de démontrer à propos de Michel Martelly, malgré tout ce qu'il est possible de lui blâmer, de mépriser, de honnir en lui, il faut admettre in fine que Martelly est un harmonique de la note fondamentale haïtienne. Mais alors qu'est-ce qui a autant choqué, autant révulsé tout ce beau monde dans l'élection de Martelly ? Qu'est-ce qui est si dérangeant pour la classe intermédiaire ?

Il faut sûrement dépasser les cris de joie et les pleurs d'indignation, pour trouver des réponses à ces interrogations. Son ignorance de la politique peut être tout de suite écartée car d'autres novices, d'autres inconnus ont déjà avec plus ou moins de succès tenté leurs chances aux élections à tous les niveaux dans la politique. Certes, Martelly est un élu atypique pour diverses raisons, mais il est surtout controversé et critiqué pour d'autres motifs que ceux souvent avancés. Les autres *djazmann* qui se sont tournés vers la politique ont subi peu ou prou le même sort. Les Gracia Delva, Jacques Sauveur Jean ont eu eux aussi à faire face à l'arrogance de la bourgeoisie qu'a décrite Laënnec Hurbon dans son livre : « Comprendre Haïti - Essai sur l'État, la nation, la culture ». Les musiciens sont systématiquement rejetés par les petits cercles d'élites. Ceux-ci trouvent toujours indigestes les élections des *djazmann* et contestent les mandats que leur délivre le peuple.

A la mesure d'une chanson satirique l'élection de Michel Martelly est remplie de sous-entendus. Elle chante une musique qu'une grande partie des élites ne sauraient apprécier, dans laquelle le peuple ronronne son désaccord, réclame son droit d'exister, de choisir, de décider. Plus la présidence Martelly paraît insupportable, plus la chanson du peuple, elle, est explicite. Ce dernier n'étant plus dupe ne veut plus obéir aux diktats des classes supérieures, et même il s'en moque, sachant que leurs prétendues supériorités ne reposent que sur leur malhonnêteté, comme il l'a pointée du doigt dans un refrain de musique traditionnelle : « *Moun-yo di yo se boujwa, y-ap vôlè soulye malere* » (ils se disent grands et supérieurs alors qu'ils se rabaissent à voler le peu appartenant au petit peuple). Donc il n'a éprouvé aucune peine à choisir son élu en dehors des élites, d'autant plus que le chanteur a souvent su insérer quelques messages à travers les paroles de ses chansons.

Oui ! Martelly paraît beaucoup plus éloquent par l'image désastreuse qu'il affiche dans ses spectacles que par les textes de ses chansons, mais il s'agirait d'une erreur d'analyse de laisser le comédien prendre le pas sur le parolier. D'autant que toute la popularité l'ayant porté au Palais National réside dans sa musique, où il agence des textes simples sur des mélodies faciles à chanter. Compositeur et aussi auteur, Micky prend souvent des positions sérieuses dans ses chansons ! Il est étonnant de l'entendre chanter des textes revendicatifs, et même déroutants de constater dans ses chansons une thématique qui contraste avec le Martelly par l'image. Il n'est donc pas déraisonnable de s'attarder un instant sur la discordance de l'ensemble. Les paroles de ses musiques, certes succinctes, permettent de comprendre qu'il n'est point l'homme désinvolte, le fou qu'il a vendu à tous les coins de rue et sur toutes les scènes du pays. Comme le veut l'époque, il a chanté l'amour, le sexe… Et ses chansons ont souvent l'air d'une plaisanterie, d'une chanson pour rire, mais sa production comporte aussi un grand nombre de textes à caractère social et politique. Donc, il faut voir que derrière l'allure joviale du personnage, sous la carapace de l'élément amuseur, provocateur, à l'intérieur du chanteur railleur, se cache un homme conscient d'une certaine réalité, ayant une réflexion sur la société. Et à son humble niveau, qu'il essaie d'alerter la société et de lutter contre les dysfonctionnements du pays. Quand d'autres chantent New-York City, Marie-Galante, Jérusalem, Micky lui braille les valeurs de la Forêt des Pins ou de Côtes-de-Fer. Non pas parce qu'il a sacrifié une vie sur l'une des routes de ses contrées, mais simplement par amour de ses localités que les beaux esprits préfèrent oublier, pour des raisons inavouables. Quand les autres vidéos affichent des femmes légèrement vêtues, de toute évidence sorties d'une maison pour l'occasion, ses clips montrent de vrais chauffeurs de taxi, le petit peuple qui, afin de briser le cycle héréditaire des *pitit soyèt*, trime pour payer les études de ses enfants. Il pense aussi aux jeunes coincés de tous les côtés à qui la société a fermé toutes les portes, ne leur laissant que l'unique choix de devenir racketteurs. Il leur envoie un message clair pour se prendre en main, et relever le défi de changer leur destin et donc celui du pays. Il lui arrive aussi, dans ses chansons, d'être dans la pure démagogie, au point de dénoncer l'immoralité. Il doit s'agir d'un trait d'humour, d'autodérision, qu'il faut verser sur le compte de la schizophrénie ambiante. Qui ne l'est pas sur ce coin d'île où le système demande d'être polyvalent et inventif ? Il faut être capable de déceler une panne de voiture, comme savoir les vertus médicinales des plantes… En Haïti, il convient de se débrouiller en tout, pour survivre.

La face éclairée, le côté jour de l'artiste est plutôt occulté par sa face sombre, son côté nuit. En studio d'enregistrement, Martelly a longtemps su se montrer mesuré, alors que c'est tout le contraire quand il improvise dans ses soirées dansantes. Pour assurer l'ambiance jusqu'à l'aube, il ne se donne aucune limite s'appuyant sur l'obscénité et la vulgarité qui atteignent des apogées vertigineux dans la bouche de l'animateur hors pair qu'il est. Des soirées osées, riches en chansons salaces, en débauches verbales et en rires libertins. Pendant longtemps, il a pris le soin de ne pas immortaliser cette facette grivoise de son business, par un enregistrement commercial. Ce volet restait plutôt discret, connu seulement de ses aficionados, il existait donc un écart grand comme le monde, entre ses albums et ses spectacles. Mais, à la sortie du disque enregistré en public, au titre sans équivoque : « 100 % KK » tout a basculé. Il était devenu impossible pour lui de continuer à cacher la teneur de ses spectacles. Et il a décidé d'assumer et de surjouer son personnage au grand jour. L'album aurait été une production pirate, mais tous les disquaires spécialisés en musique haïtienne l'affichaient dans leurs présentoirs sans se faire inquiéter.

Les pieux et les hypocrites lui auraient intenté un procès devant le tribunal de la morale et réquisitionné, qu'on le jette aux flammes ; mais la tâche s'est avérée rudement difficile, car le disque a rencontré l'adhésion d'un large public. Et entre les *mereng* carnavalesques et les fameux « prêches » du chantre Coupé Cloué qui n'en déviait pas d'un centimètre ; et aussi entre les vagues aberrantes : *nouveljenerasyon* et *rapbôday*, où tout est prétexte à lâcher quelques gaudrioles, il était très difficile de trouver celui qui craquera l'allumette. Et si l'on rajoute les chants des *lwa-gédés*, ces esprits particuliers du panthéon haïtien occupant le pavé chaque année à la Toussaint, il y aurait un risque de devoir plutôt lui tresser une couronne de prude.

Il convenait plutôt de remarquer qu'à côté de ses frasques, qu'il écume régulièrement deux thématiques : le pays et la présidence. Deux amours qu'il chante et partage sur les ondes, avec Haïti et sa diaspora. Tout le monde consciemment ou non a reçu le message, à un moment ou à un autre, d'autant plus facilement qu'il est transporté par un style de konpadirèk au tempo allegro appelé « *pike devan* » délivrant des sensations extrafortes. La musique de Sweet Micky donne toujours instantanément une irrésistible envie de danser. Elle véhicule un groove entraînant tous les habitants du pays à la lévitation. Elle s'inscrit dans la mode « *easy listening* », mais respecte bien les règles de l'art du konpadirèk : bien carrée, bien huilée..., derrière sa voix qui envahit l'espace. C'est une production destinée à l'ambiance, à la fête. Ses chansons devenant souvent des hits, sont reprises en chœur par la population. Si elles transportent un message, si elles parlent au subconscient, elles ont donc agi comme un mantra.

Michel Martelly agissait-il sciemment ou se laissait-il porter par l'esprit de sa musique ? Difficile de répondre, mais il semble qu'il entrevoyait des perspectives dépassant la musique. Fidèle à sa réputation de provocateur, il a intitulé son dernier opus avant de se présenter à la présidentielle : « GNB », représentant les initiales de *Grenn Nan Bouda* (avoir des couilles, être brave). L'album est sorti quelque temps avant les élections, et le premier titre de l'album ressemble à la chronique d'une victoire annoncée. Le message était clair et direct, sans ambiguïté, il incite les jeunes à se révolter. Et comme à l'accoutumée, il clame qu'il est le président du konpadirèk... Puis au fil de la chanson, président... Tout court. De l'autosuggestion, peut-être, mais de la suggestion, sûrement. Il n'existe pas un moyen plus efficace pour inculquer une idée, qu'une chanson écoutée inconsciemment. On le sait bien, on ne se débarrasse pas facilement d'une chanson entendue le matin sous la douche. Elle peut rester dans la tête et sur les lèvres la journée entière. Micky, à travers sa musique, accoutumait-il la population à l'idée d'un Martelly président de la République ? C'est bien possible qu'il usait du pouvoir musical. Pourtant la chanson ne semblait interpeller personne. Les animateurs de radio comme les analystes et les politiques remplis d'inconscience, la chantaient et la dansaient, nuit et jour, le sourire aux lèvres.

Le titre de président, il se l'est approprié plus de vingt ans auparavant, aux temps où les groupes T-Vice des frères Martineau et Sweet Micky de Michel Martelly, étaient ouvertement en concurrence musicale et en conflit financier. C'était aussi le temps où il militait contre Jean-Bertrand Aristide, alors président en fonction.

Dans l'éternelle polémique, entre les groupes de konpadirèk, il était nécessaire à Micky de se démarquer des autres en acquérant un titre prouvant sa supériorité. Il ne pouvait pas être Superstar comme les Tabou Combo, ni Number One comme les Skah Shah. Le public ayant déjà choisi son roi en la personne du chanteur Jean Gesner Henry, dit Roi Coupé, il s'est donc proclamé : « président du konpadirèk », se plaçant ainsi à la tête de la nation konpadirèk. Et il se trouve que le pays est totalement dominé par le konpa depuis plus d'un demi-siècle à un point tel que le nom « Haïti Thomas » semble céder sa place à « Haïti konpa » dans la bouche du grand et sublime chanteur Cubano. Se dire le Président du konpa peut donc sous-entendre être le président d'Haïti.

Entre plaisanterie et stratégie, il a poursuivi son chemin. Il est sûr que Martelly pensait tous les jours à prendre les rênes du pays et il en rêvait aussi la nuit, quand il écrivait ses chansons. François Mitterrand, ancien président français, disait que devenir président est le fruit d'un travail incessant. En clair ou en sous-entendu; en riant ou en étant sérieux, Haïti et sa présidence revenaient constamment dans les chansons de Sweet-Micky. Il est clair qu'il était obnubilé par ces idées. Il les a chantées dans tous les refrains le long de ses disques et il s'est souvent mis en scène en jouant au président dans ses clips vidéo. Déjà en quatre-vingt-seize, dans sa chanson « *Nou la* » (Nous répondons présents), tout en montrant sa constance dans la vie, sa persévérance dans la politique et le social, son attachement à la terre haïtienne, il avait tout naturellement glissé son nom dans la liste des présidents du pays !

Donc rien d'étonnant que Martelly ait sauté sur la première occasion, en la jouant comme si c'était la dernière. Il a montré le plus grand mépris pour Aristide, mais il semble avoir appris sa leçon. « Une chance qui passe, une chance à prendre » disait le prêtre. Lui, il a si bien appris le théorème, qu'il en a trouvé la réciproque. La chance ne passait pas par-là, mais lui en passant, a saisi sa chance. Le train de la présidence dont le terminus est le Palais National désagrégé, le train à lévitation pouvant placer un homme au point culminant de l'échelle sociale d'un pays, il est monté dedans sans que personne n'y prête attention. Même pas les habituels contrôleurs aguerris, qui vérifient toujours méticuleusement les billets et les passeports.

Et comme il l'a rêvé et chanté quelque vingt ans plus tôt, tout est devenu Martelly !

Les adversaires politiques; les concurrents parmi eux, le rappeur américain, l'élite économique, le bas peuple affamé comptant sur son alliance avec Wyclef, la nation mélomane, les journalistes… Tout Haïti voit rose, peut-être rouge… Sûrement flou. Son parti politique le PHTK, créé dans la foulée de son élection, devient rapidement le grand mélangeur de grooves, et lui, forcément, le maestro donnant le tempo et orchestrant tout. J'ai eu peur qu'il ne se consacre pas prophète, car il avait tout prédit dans ses chansons. Les catastrophes comme sa présidence !

...*Et actions*

Mais si tout le monde s'est mis à la mode *tèt kale*, tous n'éprouvent pas le même sentiment d'amour du pays habitant le chanteur président. À la fin de son mandat, un brin désabusé, il conclut : « que les gens n'aiment pas le pays ! ». Lui, chantant inlassablement son attachement à Haïti, a dû vivre une pénible réalité, qui lui échappait jusqu'ici.

Mais de qui parle-t-il ? Qui sont-ils ces gens qui haïssent Haïti ?

L'erreur serait de penser qu'il pense à ses seuls adversaires. Je ne suis pas de cet avis, à moins que même devenu président, il n'ait pas compris. Ses amis n'étaient pas disposés à l'aider dans ses entreprises, et ils n'hésitaient pas non plus à glisser quelques peaux de bananes sur son chemin. De tous les côtés, sa perte était souhaitée. Il pensait, et peut-être pense-t-il encore comme une grande majorité dans le pays, que le Président de la République en tapant du pied à terre peut modifier les rouages de la machine sociale, économique et politique.

Son aveu en son autre phrase désormais célèbre : *Lè ou prezidan wa konprann* (Seul l'exercice de la fonction de président peut vous amener à comprendre) montre qu'il s'est réveillé à la réalité de la société haïtienne qui lui échappait, mais il scelle en même temps son manque de vision, de distance et de perspective. Et mis à part les scandales qui se faufilent à l'horizon, ces petites phrases seront peut-être, les seules marques laissées par sa présidence.

La gestion d'un pays est bien différente de la direction d'un orchestre, ou de l'organisation d'un grand spectacle, d'une grande soirée. L'art de créer des hits, des grooves d'enfer, en très peu de temps, en faisant des boucles avec trois accords et quelques riffs ne peut pas s'appliquer à la politique. Il n'est point possible en deux temps et quatre mesures d'extirper de la misère, un pays tenu en respect, sous embargo depuis si longtemps. La vie nationale, avec la somme de nos bêtises, ressemble fort à une comédie dramatique, mais le pays n'est pas une gigantesque scène.

Il n'est pas forcément nécessaire d'être président pour comprendre que la société fonctionne de manière chaotique, qu'elle agit à l'encontre du pays véritable. Il n'est pas obligatoire d'être président pour comprendre que le libéralisme prôné dans le slogan : *Haïti is open for business* (Haïti ouvre ses portes au marché) conduit tout droit dans la gueule du capitalisme sauvage.

Martelly, dans le style « je te mets plein la vue et les oreilles », a lancé et validé des projets dans tous les sens pour construire : Hôtels, aéroports, stades, de vagues tronçons de route… Il a utilisé les diverses aides internationales post séisme et les fonds découlant des conditions préférentielles de paiement de l'alliance PetroCaribe, pour financer des projets incohérents ne s'inscrivant dans aucun plan d'ensemble d'aménagement du territoire. Des projets à la louche ne suivant aucune politique globale de développement et que seuls les amoureux inconditionnels de paillettes applaudissent. Il était persuadé qu'en se mobilisant avec ses petits moyens et en un quinquennat, juste avec quelques coups de peinture et d'éclat, il pouvait changer le visage du pays.

Il est possible que Martelly n'avait pas conscience de commettre une erreur, comme il est possible aussi qu'il s'en moque, comme le dit son fameux refrain : *He doesn't care*. Car il semble que sa préoccupation consistait à faire mentir ses détracteurs, en réalisant tout pour leur plaire. Et manifestement, il ne menait pas une politique imaginée et conçue pour apporter un changement significatif dans la société haïtienne et dans les dysfonctionnements structurels gangrénant le pays.

Il croyait peut-être tenir le public, et assurer le spectacle, mais il n'était au fond qu'une marionnette entre les mains des manipulateurs chevronnés du pays. Le président, le Premier ministre chez l'humble paysan ne montre qu'une belle image pour la téléréalité. Une carte postale. Un très joli symbole qui ne trouve aucune traduction dans l'amélioration de la vie du paysan, car il n'y a aucune prise de conscience de la nécessité d'un changement radical, d'une élévation du niveau de vie du paysan, comédien malgré lui. Son gouvernement a financé tous les projets, sauf celui de la reconstruction humaine portant sur les valeurs de la dignité et dont une grande part repose sur la culture.

Aussi Martelly a négligé les circonstances exceptionnelles l'ayant amenées au pouvoir et qu'il était un camouflet placé à la gueule de l'élite et de la bourgeoisie, par un peuple bravant le mépris et les balles. Il a trop vite oublié que le peuple a d'abord voté Micky le chanteur de konpadirèk. Et en voulant montrer qu'il n'était pas le président des musiciens, il a donné raison à ceux qui le voyaient comme une intelligence atrophiée parce qu'il est un musicien et surtout un musicien de konpadirèk. Les structures où les musiciens évoluent sont restées les mêmes. Aucun cadre légal n'a été créé, aucune salle de spectacles n'a été construite. Donner quelques billets, ou organiser des manifestations éphémères tels plusieurs carnavals n'a rien apporté de mieux aux professionnels de la musique. Alors que l'industrie musicale si elle est bien organisée et bien structurée développerait une activité commerciale pérenne et pourrait servir d'exemple aux autres secteurs du pays. Mais personne ne veut jeter un regard sur le souffre-douleur de la culture haïtienne qu'est le konpadirèk. Personne ne s'inquiète du sort, de la survie de l'industrie musicale. Voyons que même avec un musicien professionnel à la tête de la nation, les musiciens ne sont pas mieux entendus et compris dans les hautes instances du pays.

Et comme si le quinquennat du musicien président représentait l'ultime victoire du konpa, malgré la remarquable sortie de scène présidentielle de M. Martelly, depuis la fin de son mandat, une idée de fin de règne du konpadirèk traverse la société haïtienne. Comme si le destin du rythme était lié à celui de son « président », les médias chantent son libera et les critiques présentent encore une fois son oraison funèbre, les fossoyeurs creusent son trou, et lui, il essaie de s'envoler vers les étoiles.

AU-DELÀ DE MARTELLY

Il est incontestable que l'élection de Michel Martelly découle de son succès musical, mais elle résulte aussi d'autres facteurs non négligeables indépendants de Martelly lui-même et de sa musique. Car aussi puissante que puisse être la musique; et aussi grands et multiples que puissent être les succès du chanteur, ils ne suffiraient sûrement pas à le faire élire président. Il faut donc dépasser Michel Martelly, aller au-delà du musicien à la mode, et pénétrer au cœur de la société haïtienne pour découvrir les éléments susceptibles d'expliquer le désenchantement et le dépit populaires catalysés dans le vote en faveur de Michel Martelly. Il faut analyser en profondeur l'événement, même dans le cas où il y aurait une manipulation avérée des votes.

Si devant des politiciens et des intellectuels, le peuple a choisi un *djazmann*, pour guider son destin, il faut accepter et respecter son choix, même s'il est critiquable, et comprendre son refus, son rejet du système politique, son désir de changement de société. D'une façon générale, les votes en faveur des musiciens du konpadirèk, les plaçant au plus haut niveau dans l'administration du pays, forment une fin de non-recevoir du peuple aux élites et aux classes dirigeantes nationales et internationales. Des artistes, des acteurs culturels n'auraient jamais pu, même s'ils le voulaient, intervenir aussi magistralement et occuper une place même minime au sein du pouvoir publique et politique, si les élites du pays n'avaient pas failli. S'il existait un dialogue, si l'harmonie régnait entre les classes sociales, il n'y aurait même pas la candidature de Martelly, ou éventuellement, elle passerait pour une bonne blague. L'idée de se reconvertir dans la politique n'effleurerait pas autant d'artistes, qui se contenteraient bien de leur activité de chanter, de peindre, de mettre en scène les revendications populaires.

Sans en avoir l'air, l'élection de Micky représente un bâton que le peuple a glissé dans les roues de la machine qui l'entraîne au fond du gouffre. Il cherche à enrayer le cycle infernal où il passe d'espoirs en déceptions politiques. Il fallait s'attendre qu'un jour ou l'autre, il se dresse contre le non-sens régnant dans la politique en Haïti. Et il ne faut pas s'étonner, si pour changer le cours de sa vie, il s'aventure sur des chemins non éclairés et sans perspective.

L'élection de Michel Martelly doit être perçue comme le dernier signe de la main, le dernier cri avant le plongeon final. Car malgré tous leurs efforts, les hommes et les femmes du pays sont charriés loin de la terre ferme, le naufrage et la noyade les guettent. Il faut entendre derrière l'acclamation de Tèt Kale un appel au secours, un cri populaire poignant, vibrant aux fréquences du lambi. La chanson de cette élection est saturée d'émotion. Elle appelle à un réel changement dans la société haïtienne.

Quand toute sa faiblesse est étalée sur tous les écrans de télévision, et sur toutes les premières pages des journaux du monde entier, au-delà de la douleur causée par la perte de ses frères et sœurs, l'Haïtien a été sûrement touché dans sa dignité la plus profonde. Dans ce qu'il a de plus intime, dans son âme. Et nous savons que sa fierté n'est pas négociable. Il n'aime pas montrer son dénuement. Il calfeutre toujours sa misère chronique. Mais Goudou-goudou l'a mis à nu sur la place publique. Et les hommes sur lesquels il comptait ne l'ont pas aidé à sauver le minimum : la face. Lui, peuple altier, homme fier, doit tout concéder. Il doit reculer là où il n'a jamais voulu céder un pas. Il était obligé d'admettre les yeux ouverts, ce qu'il n'aurait jamais accepté même dans ses rêves les plus cauchemardesques. Il ne restait plus d'autre choix au peuple que de s'avouer vaincu. Son orgueil a reçu un coup violent, lui provoquant des douleurs physiques mais aussi psychiques. Il a honte de s'être si longtemps laissé gouverner par des incapables, des irresponsables.

Nous ne devons pas nous méprendre dans l'analyse du rejet, de l'exécration du peuple pour les élites et la classe politique. Les élans individuels autour de la capitale, au moment où des répliques faisaient encore trembler la ville, nous montrent les aspirations du peuple qui se redresse, se lève face à la nature. Des hommes et des femmes des provinces les plus proches ont cuisiné le peu qu'ils possédaient, et l'ont acheminé par leurs propres moyens sur Port-au-Prince, pour le distribuer gratuitement. Ce geste qui s'inscrit dans les coutumes haïtiennes, peut paraître anecdotique, d'ailleurs on n'en parle quasiment pas, mais sa dimension symbolique est incommensurable. Car il montre combien le provincial haïtien, le *nèg mòn* est humain et noble. À genoux, à bout de souffle, juste avant de rendre l'âme, l'Haïtien, le vrai, garde la tête dressée. Son dernier soupir reste celui d'un homme digne, sachant lutter et combattre. Les habitants des villes voisines, non touchées par le séisme, étaient les premiers à porter secours à leurs frères. Ils savaient bien que leur grosse marmite ne représentait qu'une maigre consolation. Ils étaient convaincus que le peu qu'ils apportaient était loin, très loin même d'être suffisant, et même insignifiant devant l'ampleur de la catastrophe ; mais il s'agissait pour eux d'accomplir leur part de l'œuvre, leur devoir d'homme d'honneur.

Port-au-Prince, la ville la plus belle, la cité des hommes d'une certaine classe, des hommes supérieurs gît dans la poussière et tout son beau monde est absent. Aucun Haïtien supérieur ne se manifeste pour l'aider à se relever, à se redresser. Où sont donc passés les grands hommes de la ville ? Sont-ils tous coincés sous les dalles de béton ? Non ! Mais comme toujours, quand la nation traverse des moments difficiles, les citadins beaux parleurs sont aux abonnés absents. Ils ne sont au fond que des incompétents, des poltrons cachés derrière les statues de la Place des Héros de l'Indépendance de nos vaillants morts.

Alors le peuple se révolte contre l'infamie, car des hommes frileux ne peuvent pas diriger le pays de Makandal, de Toussaint Louverture, de Jean-Jacques Dessalines. Ils ne méritent pas d'être au chapitre de la nation des braves. Ils ne sont pas dignes d'être les dirigeants du pays de Capois La Mort. Et il a ôté toute la confiance placée en eux, et a crié : dehors les infâmes, les incapables, les menteurs, les lâches. Il a mis fin aux respects, aux révérences et aux autres privilèges qu'il accordait aux élites, aux intellectuels, aux politiques, et leur a administré une gifle magistrale en élisant le chanteur-comédien, pour leur signifier la fin de la comédie, et lever tout doute sur sa capacité de réaliser encore l'impossible.

Pourtant, il fut un temps, pas très éloigné, où le peuple s'empressait de confier ses fils et filles aux élites. Il adorait les entendre s'exprimer avec aisance dans une langue que lui, il ne maîtrise pas. Mais tout s'est évanoui, car trop de nos intellectuels ont hypothéqué leur intégrité et leur lucidité pour d'autres pouvoirs comme l'argent, les armes ou des privilèges tels que l'accès à quelques matérialités, les beaux quartiers, les femmes au teint clair et aux cheveux raides, devenant ainsi les esclaves de l'exotisme sexuel. Les maisons closes de la route de carrefour rebaptisée *rout sid* (la route du sud) par les initiés n'étaient que l'expression bestiale d'un « j'ai vengé ma race » de Maurice Sixto. À présent, elles ont envahi tout le pays depuis les hauteurs de la capitale jusque dans les provinces comme Jacmel.

Longtemps déjà, le peuple a compris que les élites sont à la traîne. Elles traînent derrière le pouvoir, elles s'agenouillent pour se faire adouber. Elles rentrent dans les rangs et se laissent asservir. Elles rampent derrière la manne financière de la bourgeoisie marchande qui, ne croit pas au savoir. Les élites passent le plus clair de leur temps dans les salons des bourgeois à ponctuer leurs élucubrations de citations d'auteurs français des XVIIe et XVIIIe siècles, et à formuler des petites blagues méchantes sur les Haïtiens. Une journaliste française, à la suite d'un reportage en Haïti, a écrit ce qui suit dans le Monde de la Musique : « Le must à Port-au-Prince est de se saouler, faire preuve d'érudition, et médire ». Tout un programme.

Dans la vie en Haïti, les élites intellectuelles et autres n'ont jamais su être des locomotives. Opportunistes, elles se sont toujours comportées comme des girouettes. Parasites, elles gravitent et collent autour de certaines sphères. Et conscientes de leurs faiblesses, elles érigent des murs matériels et psychologiques autour d'elles, et vivent comme des recluses. Elles n'aiment pas et n'acceptent pas de confronter leurs idées aux autres. Elles n'affrontent pas les questions, ne provoquent pas les débats publics, n'agissent pas pour l'évolution du pays. Tout se passe, comme si la finalité de leur existence se résumait à sombrer dans un rêve d'érudition et de luxure. Alors rien d'étonnant qu'elles cessent de susciter l'admiration que le peuple leur vouait et qu'elles finissent même par rencontrer son hostilité. Encore moins que les hommes politiques, l'histoire ne leur trouvera aucune circonstance atténuante, car rien n'explique leurs agissements, sinon leur manque total d'humanisme et leur pusillanimité.

UN RÊVE, UNE QUÊTE DE SENS, UN CHOIX DE DESTIN

Si l'homme passe d'une position fœtale à un statut vertical, c'est parce qu'il porte en lui les gènes de l'élévation. L'essentiel de son parcours dans ce monde consiste à dépasser sa condition initiale, à s'élever au-dessus de lui-même. Nul homme ne peut vivre dans une société dont l'objectif se résumerait à le rabaisser, à entraver sa marche, son évolution, à le détruire.

La société haïtienne contemporaine semble s'attacher à enrayer tous les élans naturels d'élévation de la grande majorité des individus la composant. Le système appauvrit le pays et établit une vraie menace d'anéantir la population. Voyons déjà que la pauvreté, sous des visages différents, s'est immiscée partout et en tout, jusqu'au cœur même des hommes, tentant de les réduire à néant. Elle ne s'exhibe plus seulement dans ses expressions les plus criardes que sont : la désertification galopante des terres, la faim qui ronge les tripes et les loques humaines déambulant dans nos rues. La totalité de notre production se paupérise. La pauvreté est dans la lâcheté que nous montrons face aux combats qui nous incombent. Elle apparaît dans la faiblesse que nous éprouvons devant les attaques des adversaires. Elle sied dans l'absence d'amour-propre, de conviction dans nos idées et dans la justesse de nos actes. Elle se niche dans la mentalité rétrograde et le fonctionnement mesquin entravant l'évolution du pays. Elle demeure dans le manque de compassion et l'absence d'empathie qui dressent des murs entre nous. Elle s'installe dans l'ignorance qui nous aveugle. Elle trouve refuge dans la sécheresse de la création de la vie sur ce coin de terre pour les millions que nous sommes. Elle se cache dans l'amnésie grandissante de ce que nous fûmes. Elle est enfin dans le rejet, la négation de nous-mêmes, dans le refus d'être Haïtien, grand, beau et fier. Et tant que notre présent demeure dans un tel dénuement moral et intellectuel, nous ne pourrons pas nous désentraver de la douleur, de la misère, de la déchéance et le chemin de l'avenir restera toujours pavé d'échecs.

Pour défaire tous les nœuds qui ligotent les mains et les esprits, entravant la réussite de l'Haïtien, il faudra que tous, et surtout les élites, fournissent l'effort nécessaire pour rompre avec les pratiques et les pensées ayant engendré la situation actuelle. Il faudra que les intellectuels montrent honnêteté et intégrité, et usent d'intelligence et de courage pour descendre chercher l'Haïtien au plus profond des trous, où nos complexes et notre stupidité l'ont refoulé et enfermé à double tour. Il faudra le laisser exprimer son naturel et sa vérité profonde.

La nécessité de chasser la négativité qui s'est installée comme le substrat de notre société, constitue la condition indispensable pour le changement. Et seul l'abandon du regard hautain des classes supérieures envers les autres, peut ouvrir de nouvelles perspectives et amener à une vision humaine des uns et des autres. De toute évidence, ce changement n'interviendra qu'au bout d'une longue lutte de conscientisation, où tout sera mis en œuvre pour que le vivre ensemble que nous chantons, l'harmonie sociale que nous recherchons, ne s'évanouissent pas quand ils se matérialisent dans nos vies.

Mais les mobilisations actuelles ne priorisent pas cet objectif que je pense être la base du bien-être réel de l'Haïtien. Les politiciens, les religieux, les philosophes, les sociologues, les scientifiques, les artistes, les humanitaires…, tous nourrissent moult rêves pour le peuple haïtien. Mais en se penchant sur leurs projets et leurs plans, on constate que l'Haïtien n'est ni le sujet, ni l'objet de tous ces calculs. Car tous ces penseurs visent à le remodeler peu ou prou en une entité nouvelle, totalement différente de celle qu'il est et dont il rêve. Les programmes présentés par ces faiseurs de pays, ne sont formés que d'idées copiées ici et là, à travers le monde, lesquelles repousseraient l'Haïtien comme un paria vers un exil intérieur et transformeraient le pays en un espace invivable sinon mortel pour lui. Nombreux sont ceux qui veulent que Port-au-Prince devienne un Little New York, ou un Petit Paris dominant sur le reste du pays. Il n'est question que de concepts négatifs, antinomiques, éloignés de l'essence insulaire et de l'esprit libre haïtiens. Les vendeurs de rêves n'ont jamais cessé de lui construire de mondes idylliques, sans prendre le temps de s'interroger sur le beau et le bien auxquels il aspire. Ils ne tiennent jamais compte de ses idées et de ses désirs de sociétés. Ses rêves sont jugés rétrogrades sinon négligeables.

De quel pays, de quelle société rêve l'Haïtien ?

Le monde entier pense pour l'Haïtien, comme s'il était incapable de penser lui-même son avenir, de choisir son destin, de construire son rêve. Beaucoup veulent le guider et lui organiser une société sans analyser et comprendre sa vision de la vie, son idéal de vivre ensemble, son rêve de pays. Personne ne l'invite à participer à l'élaboration du moindre projet engageant son avenir, comme s'il n'était que des tripes et des muscles, un être dépourvu d'esprit, incapable de penser. Un homme sans rêve, sans désir, sans envie.

Si l'Haïtien n'éprouve pas souvent le besoin de partager ses rêves, il ne faut pas croire pour autant qu'il n'en caresse aucun. Il n'est pas permis de penser que ne dansent pas de merveilleuses idées dans sa tête. Que ne lui tiennent pas à cœur de belles réalisations. Il a même des grands et des centaines de rêves qu'il garde en secret. Il ne s'agit pas d'hypocrisie ou de ruse, mais plutôt de modestie et de prudence. Le secret est une tradition dans le pays. L'Haïtien s'est accoutumé au secret pour protéger ses projets, car les ennemis se sont tant de fois mis en travers de sa route.

Les luttes pour sortir les Noirs de l'esclavage ont été préparées dans la clandestinité. Car à l'époque, celui qui osait parler de liberté risquait la mort. Après l'indépendance, la menace planant sur le statut de pays noir libre et indépendant que proclamaient les Haïtiens, obligeait la vigilance et toujours le secret. Donc toutes les pensées, les activités d'élévation de la condition de l'homme haïtien continuent d'être couvertes par le secret absolu.

Comme tout homme, chaque Haïtien aspire à l'évolution et au respect. S'il flotte dans le pays un sentiment contraire, il vient d'une pensée réactionnaire, réductrice et funeste, étrangère à l'esprit haïtien, que j'appellerai « *l'ayisiano krazeus* ». Elle conduit à ridiculiser tout ce qui constitue l'Haïtien, tout ce qu'il crée ou qu'il pense. Elle engendre chez un grand nombre d'entre nous un énorme déficit de confiance en nous-mêmes, et en nos frères.

Il est pourtant possible de toucher du doigt le rêve haïtien. Car les hommes exprimant toujours leurs pensées, leurs rêves à travers leurs arts, un rêve haïtien est forcément perceptible dans ses réalisations artistiques. Dans le mélange hétérogène et équilibré des couleurs choisies pour ses peintures, dans le mariage indissoluble, la fusion de ses rythmes, dans l'harmonie et la progression des accords entrant dans ses compositions musicales…, il est aisé de le saisir. Aujourd'hui, son art est peut-être contrarié, même étouffé, mais il reste vivant, bien que son expression soit retrouvée brouillée par les musiques des rockers dépassés et des punks perdus dans l'espace haïtien. Elle est troublée par les faux africains nouvellement débarqués et égarés dans les rues des villes du pays. Elle est polluée par les rastafaris en quête d'un Jah dans le vaudou… Rien que des clinquants d'art importés par des marchands sans scrupule et imposés à l'esprit haïtien. Rien que des hologrammes culturels construits sur des critères exogènes, et n'exprimant aucune réalité du pays, donc ils ne peuvent pas incarner un quelconque rêve pour l'Haïtien, le vrai. Ils ne sont au fond que des affiches publicitaires mensongères faisant l'éloge de carrières internationales fictives que le microcosme absentéiste agite à nos artistes, comme une muleta à un taureau, ou une carotte à un âne.

Ses œuvres sans âme ne trouvent de place qu'à cause de nos multiples blessures internes et externes, qui fragilisent nos rêves et attristent nos chansons. Nos rêves se mêlent aux cauchemars qui troublent la tranquillité diurne et nocturne de nos villes ; mais entre illusions et chimères, à travers le chaos recouvrant le pays, nous poursuivons notre quête de sens, notre rêve d'homme. Et nous recherchons encore et toujours dans nos chants, les mêmes longueurs d'onde que les grands musiciens inconnus émettaient par les sirènes des lambis.

Quand les projets politiques, culturels, sociaux ne coïncident pas avec les désirs véritables de la majorité, quand les propositions ne visent qu'à apporter de l'exotisme, il est certain qu'ils ne rencontreront pas l'adhésion et le dévouement haïtiens. Et bien que la faim leur ronge les tripes, et qu'ils subissent les pires humiliations, les Haïtiens veulent avant tout être maîtres de leur destin d'hommes. Ils rêvent d'une terre, d'une île, d'une culture, où ils resteront libres de construire leur avenir. Ils veulent garder la tête haute baignée par le soleil, comme les montagnes de l'île. La sortie de l'esclavage physique ne suffit pas, ils réclament de tout leur être, l'Égalité parmi les hommes.

Ce rêve était déjà celui des esclaves noirs, de Boukman, de Delgrès, de Jean Jacques Dessalines, il a fécondé celui de Malcom X, de Martin L King, de Mandela. Et ce rêve grand, humain et universel prônant la Liberté, l'Égalité et la Fraternité aura toujours le dessus sur tout autre rêve. Les chaînes de l'esclavage, les carcans des impérialistes, les brimades des dictateurs, les barricades des manipulateurs, les anxiolytiques des religieux n'ont jamais pu et ne pourront jamais ni l'enfermer, ni lui barrer la route vers sa réalisation. Car le rêve d'Haïti ne saurait être enterré, ni même mourir, il poursuivra toujours sa route dans le cœur et l'esprit de chaque Haïtien et descendant.

PLUS QU'UNE MUSIQUE,
PLUS QUE POPULAIRE

Depuis plus de soixante ans, avec des hauts et des bas, le phénomène musical haïtien se nomme konpadirèk. Il domine la scène de la musique populaire en Haïti. Il s'agit d'une incroyable prouesse de longévité, dans un pays où l'éphémère semble être le maître mot. Mais cela n'a pas été un long fleuve tranquille pour cette musique urbaine, dansante et moderne. Elle a dû gravir des montagnes, sillonner des vallées, traverser des rivières et des océans. Elle a dû livrer mille et une batailles pour se développer dans toutes les couches sociales du pays, en incorporant ou assimilant, pour mieux leur tordre le cou, presque tous les autres rythmes et musique ayant tenté de toucher la population ces dernières décennies.

C'est un rythme, une danse, une musique qui caractérise l'Haïtien, tant il lui colle à la peau. Il se présente même, malgré les esprits partisans, les boycotts dont il est l'objet, comme un pont posé sur les falaises divisant la nation, comme une passerelle entre les diverses entités du pays : les crésus et les pauvres, les nababs et les indigents, les savants et les faibles d'esprit, les bandits armés et les laissés-pour-compte. Il sert donc de ciment colmatant les brèches créées par les choix absurdes de la société haïtienne.

Pourtant le konpadirèk subit des attaques systématiques et continuelles sur tous les fronts. Sur le front purement musical, il lui est reproché une facilité déconcertante, infantile même. Du point de vue artistique des analystes se sont entêtés à prouver en vain qu'il n'est qu'une déformation du *merengue* dominicain, un plagiat, une usurpation, un vol. D'un point de vue social, le konpadirèk a longtemps été présenté comme une pure incitation à la dépravation. Il serait la musique des licencieux, des filles légères et des hommes immoraux. Et ramené à la politique, il aurait été la musique des macoutes, des sbires du régime duvaliériste, la berceuse qui aurait permis à Papa Doc d'endormir le peuple. Sur tous les plans, sont inventés des prétextes au détriment du rythme. Sa tête a été mise à prix ; carte blanche a été donnée à tout un chacun pour tirer à vue, et abattre le konpadirèk.

Annoncé mort, le konpa a été conduit à plusieurs reprises au bord du trou par les fossoyeurs de la culture haïtienne. Nemours en son temps, a dû lutter de toute sa force et trouver moult arguments pour défendre sa création qu'un petit groupe de frustrés, jugeait nulle et inutile. Ce qui l'a conduit à exécuter des acrobaties rhétoriques. Par exemple pour contrecarrer la thèse du plagiat que dénonçaient ses objecteurs, NJB a avancé qu'il s'est inspiré de la bande originale écrite par Malcom Arnold pour le film de David Lean : « Le pont de la rivière Kwai ». Mais ce chemin qu'il a emprunté, s'est transformé en une voie sans issue, car ses arguments se sont fait sauter comme le pont dans le film. La date de création qu'il n'arrêtait pas de clamer est antérieure à la sortie du film. Sa référence est anachronique, donc irrecevable devant le tribunal de l'histoire. Quelques années plus tard, il mettra en exergue le développement de l'industrie musicale que sa création aurait favorisé. Il est sûrement l'un de ceux qui ont ouvert le marché, en enregistrant en peu de temps un grand nombre de disques, mais il faut tenir compte de la quantité très limitée, presque insignifiante des ventes de disques à l'époque en Haïti.

Dans ces conditions est-il encore nécessaire de souligner que la survie du konpadirèk relève du miracle ? Le bébé ne devrait même pas survivre à la naissance, il a été sauvé de justesse, par des mélomanes haïtiens et caribéens qui l'ont adopté, et l'ont protégé de l'environnement social chaotique façonné par les élites *haïtianophobe*s. Ils lui ont créé une place dans leur cœur où il a pu survivre et grandir jusqu'aujourd'hui.

Nemours devenant malvoyant, abandonne la scène musicale, non sans passer le flambeau à de jeunes musiciens tels que ceux des groupes Les Shleu Shleu, Les Ambassadeurs... Ils vont réaliser des prouesses, sous les feux des critiques, toujours de plus en plus virulents. Cette nouvelle génération de musiciens poussée par la dynamique du rythme a emmené le konpadirèk encore plus haut et plus loin. Elle l'a porté à bout de bras et d'ingéniosité, de recherches et de créations incessantes, avant de le transmettre à la suivante, et ainsi de suite. Le rythme parfois brillant, d'autres fois moribond et même agonisant, a suivi une difficile évolution, en combattant aujourd'hui encore pour sa survie et plus largement celle de la musique haïtienne.

D'autres musiciens des îles des Caraïbes ont aussi participé à l'aventure en adoptant le konpadirèk pour exprimer leurs sentiments. Au milieu des années soixante-dix, Les Grammaks, Exile One originaires de la Dominique ont revisité le rythme de Nemours Jean Baptiste en apportant leurs styles, marqués par l'ajout d'un instrument moderne pour l'époque : le synthétiseur. Un clavier « magique » ayant le pouvoir de transformer un groupe musical, rien que par son intégration. Il a soufflé un nouvel air sur la musique en Haïti. En l'introduisant dans leur panoplie, certains groupes en ont profité pour refaire leurs devantures. Ainsi, les deux groupes domiciliés à Pétion-Ville : Les Difficiles et Les Gypsies sont devenus respectivement, le DP Express et le

Scorpio. Tous ces groupes et bien d'autres ont ravivé la flamme du konpa et ont repoussé un peu plus loin les opposants, mais ceux-ci n'ont pas déposé les armes pour autant.

Le cap des années quatre-vingt-dix a été rude pour la musique populaire. Elle a subi simultanément les cassures engendrées par la technologie passant du support analogique au numérique et par le choix sociétal d'un renouvellement brutal des générations des musiciens. Elle avait donc à résoudre le problème intergénérationnel engendré par la société, et à s'adapter à la révolution numérique bouleversant le marché du disque. Et depuis, elle n'a plus seulement à se battre contre des critiques, de minuscules groupes insignifiants; mais contre une coalition tacite nationale et internationale, où chaque partie trouve un intérêt particulier dans le konpa *bashing*.

Déclarée persona non grata à l'extérieur, par exemple en Guadeloupe, la musique populaire a échappé de justesse à une tentative d'assassinat émanant de l'intérieur du pays. Le consensus pour étouffer le konpadirèk était bien trouvé. Dans les pays étrangers où le konpa a été adopté depuis des décennies déjà, des animateurs de radio diffusent l'idée qu'il était une musique dépassée, vieillie, bonne pour les musées. Elle s'est répandue comme de la cendre crachée d'un volcan et reprise en écho par des jeunes sans jugement à Port-au-Prince et ses environs. Les pseudo-intellectuels ténébreux, les médias stipendiés, les *zoukistes* étiquetés *nouveljenerasyon* vont ainsi pousser le konpadirèk vers une longue traversée du désert, allant de la fin des années quatre-vingt jusqu'à la fin des années quatre-vingt-dix.

Le konpadirèk résilient a laissé passer la vague en se réfugiant dans sa base arrière, formée par des musiciens réfractaires et très talentueux. Ces musiciens seront rejoints, quelques années plus tard, par des néophytes, surtout ceux de la communauté haïtienne de Miami aux États-Unis d'Amérique, voulant s'éloigner des mers houleuses, où l'abandon du vrai Konpa les avait conduits. Retranché dans ces camps, il a, week-end après week-end, repris des forces, en drainant de plus en plus d'amateurs dans des bals et des concerts merveilleusement animés. Car à l'opposé de ceux qui ne proposent que des play-back ratés, les groupes de konpa ne se produisent qu'en live. Des soirées sont diffusées en direct sur les ondes radiophoniques, et les fans commencent à échanger entre eux des musicassettes enregistrées des soirées. Et sans que quelqu'un l'ait cherché sciemment, ce support va devenir un instrument de résistance, un moyen de lutte, prouvant que le konpadirèk donné pour mort, vit intensément et se recrée tous les jours. Puis, il a pris une valeur commerciale entre les mains des pirates d'abord, et des producteurs ensuite. Le marché des enregistrements en public s'est alors imposé, et il va largement contribuer à sortir le konpadirèk de la mauvaise passe. Ainsi, après la tempête durant près d'une décennie, la musique populaire citadine d'Haïti a passé allègrement le cap du nouveau millénaire et de ses cinquante années d'existence en deux mille cinq, et est entrée fringante et fière dans la deuxième moitié de son centenaire, portée par les jeunes musiciens des groupes D-zine, T-Vice, Zenglen avec son chanteur vedette Gracia Delva figure de proue du konpa régénéré à Miami.

Un paradoxe est à souligner dans l'existence mouvementée du konpadirèk : plus il est critiqué, plus il inspire de l'enthousiasme. Il est le souffre-douleur de l'art haïtien, néanmoins il reste et demeure la musique haïtienne la plus interprétée, ayant le plus grand corpus de production et le plus grand régiment de musiciens alimentant le seul marché musical du pays. Au fil du temps, il a prouvé à tous qu'il était une musique de référence des Caraïbes, une perle dont on retrouve les couleurs tout le long du chapelet d'îles allant des Bahamas à Trinidad. Et il a étendu aussi son influence jusque dans des pays de l'Amérique latine et de l'Afrique francophone et lusophone.

Le konpadirèk a donc roulé sa bosse depuis les night-clubs poisseux des banlieues de Port-au-Prince, jusque dans les salles étincelantes et lumineuses des grandes villes du monde. En passant, il a occupé les chaires des églises évangéliques du pays, réputés bastions imprenables, où rien ne viendrait troubler l'angélisme d'un « *Amazing grace* », ou d'un « Grand Dieu, nous te bénissons ». Mais pour des raisons obscures, inavouables, la classe aisée et l'élite intellectuelle du pays l'ont toujours boycotté et ont cherché à tout prix, à le réduire au silence. Certains, sous des prétextes religieux, le placent dans la même catégorie diabolique que la musique vaudoue, d'autres le refoulent par préjugé social, faiblesse dignitaire, égoïsme et jalousie, mais ils sont extrêmement rares, ceux qui ne l'apprécient pas par souci musical et esthétique, par manque d'intérêt intellectuel et artistique. La quasi-totalité n'adopte la posture *anti-konpa* que par snobisme et bovarysme.

Ironie du sort, le tempo *hot cool* du konpadirèk a été conçu en prenant comme modèle, les élites qui le rejettent. Son tempo nonchalant et sa danse lascive, ni complètement calme, ni totalement excitée sont une fidèle reproduction de la dégaine commune au groupe social formé par les élites et les bourgeois. Mais comme s'ils avaient peur de leur image dans le miroir, ils ne veulent pas s'en rapprocher. L'hypocrisie ambiante en ces milieux conduit à se montrer indifférent, voire hostile au konpadirèk, considéré comme une création exogène, ne pouvant ni répondre à leurs attentes ni représenter la musique d'une Haïti qu'ils s'imaginent sans les Haïtiens.

Plus de soixante ans sous les flammes du konpadirèk.

Entre les décennies de l'occupation américaine et celles de la dictature des Duvalier, le pays a vécu une période de tranquillité sociétale et d'agitation artistique. Les occupants étant repartis, l'économie se portait plutôt bien, le pays semblait reprendre les rênes de son destin, et travaillait pour le bien-être et l'évolution de ses fils. À cheval sur la fin des années quarante et le début des années cinquante, cette époque a vu la commémoration du bicentenaire de la création de la ville de Port-au-Prince, l'Exposition Internationale, et l'avènement du konpadirèk.

Dumarsais Estimé présidant aux destinées de la nation, pour marquer l'anniversaire de la capitale, a entrepris la réalisation d'une grande et belle avenue qui s'étendait du port jusqu'au prolongement du boulevard Jean-Jacques Dessalines vers la deuxième route nationale conduisant vers les localités de Carrefour et de Mariani qui ouvrent la voie vers le Sud du pays. Cet aménagement changera l'esthétique de la capitale, en sortant son littoral du marécage dont une empreinte indélébile est restée visible en la zone de Kwabosal. Et cette avenue n'avait rien à envier à celles des plus grandes villes du monde : un terre-plein central arboré, de la verdure des fleurs, des arbres tels des cocotiers, des flamboyants… Sur les bas-côtés, des places avec des bancs publics, un jet d'eau, des aires de jeux pour les enfants… Avec la mer en toile de fond, le tableau était parfait.

Sur l'avenue, non loin du port, se situait le Casino International, un haut lieu de la musique haïtienne de l'époque. Un peu plus loin se dressait le Théâtre National ou Théâtre de Verdure, le dépositaire des musiques et des danses folkloriques du pays. Et à côté de ce dernier, prenait place au milieu d'un champ de palmistes une boîte de nuit du nom de "Aux Palmistes".

L'espace ainsi créé ressemblait à un village, où se croisaient beaucoup d'artistes : peintres, danseurs, musiciens, etc., mais aussi beaucoup de touristes recherchant l'exotisme. A leur attention, des spectacles en tout genre et des soirées dansantes, assurés par les artistes les plus talentueux, étaient organisés dans les salles de réception des hôtels, et des restaurants. Le reste de la capitale suivait la même tendance, en proposant diverses animations. Partout dans la ville régnait une ambiance de fêtes. Des soirées aussi bien animées que celles du Casino International ou du Théâtre National, étaient proposées partout à Port-au-Prince et ses environs par des orchestres ou des musiciens en solo, ne demandant que de jouer. C'était un temps où il faisait bon vivre en Haïti. Tous ceux, ayant vécu la période, en gardent de merveilleux souvenirs. Franckétienne dans l'introduction de son livre Rappjazz en parle ainsi : « 1949. Inoubliable et merveilleuse année commémorative du bicentenaire de Port-au-Prince... Fastes et magnificence de la mémoire en fête perpétuelle... ». Ce climat de fêtes, d'effervescence musicale favorisait la formation de nombreux groupes musicaux, dont celui de la salle Aux Calebasses éponyme de l'orchestre que dirigeait Jean-Baptiste Nemours. Un rythme est né, sur lequel, la population semble prendre beaucoup de plaisir à danser, il s'agit du konpadirèk. Et personne ne présageait ni la résistance qu'il fera preuve, ni l'influence qu'il exercera sur l'art, la société et la politique en Haïti.

Jusqu'à cette époque, la *méreng* menait la danse partout dans les villes du pays. Mais, entre les grands musiciens chevronnés riches en savoir des musiques européennes et la grande masse populaire laissée à l'abandon sans éducation musicale, l'incompréhension avait déjà creusé son lit de séparation de façon irrattrapable. Il s'est formé une montagne de frustration d'un côté et un gouffre d'indifférence de l'autre.

Les musiciens de l'époque ne juraient que par les interprétations de musiques européennes destinées à leurs petits cercles, en ignorant la grande masse populaire. Même les *mereng* qu'ils composaient étaient trop aseptisées, trop dénaturées pour s'accorder avec la réalité de la vie et l'attente des oreilles haïtiennes. Frantz Casséus, guitariste de musique classique, dans un article qu'il a publié dans le quotidien Haïti Journal et repris par Marc Mathelier dans l'opuscule que celui-ci lui a consacré, a écrit le commentaire suivant, qui traduit bien l'esprit de l'époque : « La méringue (*mereng*) donnait au salon un air si aristocratique, qu'on eut cru des princes, des marquises, des duchesses… ». La réussite pour ces musiciens résidait dans l'interprétation millimétrée, dans le mimétisme, d'autant que les critiques ne les évaluaient qu'en fonction de leur capacité à reproduire le plus fidèlement possible les musiques venues de l'extérieur, principalement de l'Europe. Ils recherchaient avant tout la ressemblance jusqu'à la confusion, avec les maîtres classiques. Néanmoins, ces sirs demandaient au petit peuple d'adopter et d'adorer leurs œuvres artistiques supérieures.

Bien que d'une certaine manière, la pratique subsiste aujourd'hui encore, le konpadirèk a rompu radicalement avec ce diktat, en axant sa production sur une création exclusivement originale et locale. Dans un article intitulé « Mini-jazz, sens et significations », Michel Amer et Jean Coulanges, farouches boutefeux contre le konpadirèk, concèdent qu'à partir de sa création : « … La musique descendait de son trône, et pour la première fois, on pouvait être musicien sans pour autant jouer à la perfection les maîtres européens ». Le konpadirèk est donc une véritable révolution musicale et sociétale en Haïti. Il a mis fin à l'obligation pour un musicien de singer les musiciens étrangers, pour être valorisé. Et il lui a permis de s'exprimer sans complexes dans un langage musical propre. Le konpa a donc apporté une solution à un problème qui gangrenait l'art dans le pays. Il a permis à nos musiciens de sortir du désarroi amour et trahison, qu'exprime comme un mea culpa, le poète Léon Laleau, dans son poème intitulé Trahison : « Ce cœur obsédant, écrit-il, qui ne correspond pas à mon langage et à mes coutumes, et sur lequel mordent comme un crampon, des sentiments d'emprunts et des coutumes ». Lors d'une interview, l'écrivain L. Trouillot critique certains poètes haïtiens en employant les expressions : « aliénation des élites », et « imitation poussée jusqu'au pastiche ». À l'instar des intellectuels haïtiens, les poètes en particulier, qui recherchaient leur salut ailleurs qu'au pays, les musiciens haïtiens avaient pris l'habitude d'adopter des musiques étrangères. L'art haïtien était et l'est encore de nos jours, trop souvent trahi dans son expression naturelle. Et malgré la victoire et l'avancée fulgurante du konpadirèk, chez nombre de nos musiciens, demeure comme une séquelle de ces époques, une propension à produire et reproduire des musiques allochtones. Ils s'acculturent en produisant un jazz caverneux, une salsa de seconde zone, un pastiche de reggae ou d'autres productions sans âme, croyant ainsi faire progresser notre musique. Encore de nos jours, bien de nos musiciens s'acharnent, tels des damnés à réaliser des versions dites classiques, jazzy, de nos musiques folkloriques, mais elles n'apportent aucune évolution pour la musique haïtienne.

Le mal vient des valeurs que prône la société, de ses oukases et de sa grande négativité de l'Haïtien. Il vient aussi de la lâcheté de nos dirigeants passés et actuels, toujours prêts à se soumettre devant l'internationale. L'isolation d'Haïti, l'île révoltée et considérée donc comme pestiférée, a sûrement créé au cœur de l'élite du pays, de ses dirigeants, une grande frustration, les entraînant dans une quête de reconnaissance et figeant leur regard sur l'extérieur. Aujourd'hui elle trouve la traduction la plus inappropriée, la plus maladroite, la plus aberrante, consistant à plagier et à décalquer des œuvres produites ailleurs, pour les proposer comme la panacée. Un grand nombre d'artistes, de musiciens ne cessent de se vanter de reconnaissances internationales, d'approbations qu'ils ont rencontrées outre-mer, de victoires qu'ils auraient remportées au-delà des frontières avec leurs copies non conformes. Mais il s'agit de fumisteries. De la désinformation, de la manipulation. De purs mensonges. Tous ces artistes peinent à déplacer une cinquantaine de personnes de leurs entourages pour assister à leurs concerts. En dehors d'une poignée de groupes de konpa, aucun de nos artistes, n'a eu jusqu'à présent le moindre semblant de succès à l'international.

Durant ses difficiles années d'existence, le konpadirèk a vu naître beaucoup de groupes, qui en recherchant l'originalité, ont développé chacun un style propre. Au point qu'à un certain moment, s'épanouissaient plusieurs écoles en pagaille. Le style original pensé pour les grands orchestres, a été environ une dizaine d'années plus tard, adapté pour créer le style des *minidjaz* exigeant moins de musiciens. Ces jeunes comme Loubert Chancy, Ernst Menelas, privilégiaient les longs solos de saxophone. Quelques années plus tard, ce sont les guitares qui sont mises en avant. Durant cette période le public a été gratifié des solos de Ricardo Franck, du grand André Dadou Pasquet, d'Élysée Pyronneau, du légendaire Robert Martino... La pièce instrumentale : « Espoir/Composition X » de ce dernier est devenu culte, et le titre « *Mabouya* » du groupe Tabou Combo avec Elysée à la guitare, a été édité par Divine Revelation Music et est repris sous le titre : « *Foo foo* » par le fameux guitariste américain, docteur ès métissage musical, Carlos Santana. Il figure sur son album : « Shaman ». Les sensibilités des musiciens accompagnant Santana ont donné une couleur différente et surprenante à cet ancien succès de la musique haïtienne, leur approche, rythmiquement, rappelle tant celle de : « Les Ambassadeurs », un des premiers groupes de *minidjaz*. Il est curieux de constater que le konpadirèk rebondit toujours vers ses fondamentaux entre les mains des musiciens étrangers. Le style des groupes venant des Petites Antilles sur la fin des années soixante-dix, ramenant les sections de cuivres, ressemblait fort bien au style original de NJB ; à tel point que les critiques disaient de la musique populaire qu'elle était comme un ballon qui rebondit, car les *minidjaz* avaient déjà modifié la forme originale.

La période suivante se révèle difficile à classifier. Elle a été particulièrement novatrice et florissante. Contrairement à ce qui est produit de nos jours, chaque groupe développait un style de konpa propre, reconnaissable dès les premières mesures. Beaucoup de critiques, et de mélomanes la considèrent comme la période où la production a été la plus élaborée, la plus inventive. Les œuvres, tant au niveau de musique que de texte, présentaient un travail plus approfondi qu'avant. Dans sa généralité, la musique de cette époque s'était démarquée, pour s'orienter vers une musique plus élaborée, peut-être même, un peu moins dansante, privilégiant peu ou prou l'écoute. Les orchestrations s'étaient enrichies de vraies sections de cuivres et des arrangeurs professionnels ont été employés pour orchestrer les mélodies. Seuls les chœurs sur certains disques posaient encore un sérieux problème, car ils étaient totalement négligés et assurés par des instrumentistes qui accordaient toute leur attention à leur instrument respectif, et rien, ou très peu au chant.

Avec les longues répétitions en journée et les prestations s'enchaînant tous les soirs, les musiciens, tant qu'en groupe que personnel, se sont adonné à une pratique intensive de leurs instruments, les emmenant à la virtuosité. Ils ont acquis une incroyable dextérité dans l'exécution de leurs œuvres et trouvé plus de cohésion dans le jeu d'ensemble. Des titres tels que :

« *Malere* » du groupe Les Frères Déjean, « Malouines » du Dixie Band, « Yaveh » du Skah Shah, « Adelina » du duo GM Connection formé par Gérard Daniel et Mario Mayala, sont des partitions que nombre de musiciens aborderaient avec beaucoup de difficulté. Derrière l'apparente facilité d'une bonne partie des titres de konpa, se cache souvent une montagne de complexité harmonique et rythmique.

Mais tout ce travail fourni n'a pas permis aux musiciens du konpa d'éviter des traversées du désert, comme celle du début des années quatre-vingt-dix, une période qui a occasionné une vraie fêlure dans la pratique musicale populaire. La relève au début des années deux mille prendra d'abord une forme minimaliste avec des groupes n'ayant que trois ou quatre musiciens soutenus par des ordinateurs, avant de revenir à une production musicale plus ou moins digne de la suite des créations des années antérieures. Mais l'entrée en jeu d'un trop grand nombre de jeunes musiciens, mus par l'appât du gain et non par l'art, a placé la musique haïtienne dans l'impasse, où elle se trouve actuellement. Ces jours-ci, il devient quasi impossible d'opérer un tri parmi les multiples disques proposés quotidiennement au public. Toutes les chansons utilisent les mêmes boucles de programmation. Les tempos varient peu, et les structures analogues des orchestrations peuvent se résumer en trois points : une introduction, un chant, et un interminable solo de synthétiseur avec un son saturé. Le konpadirèk s'est standardisé, et devient monotone. Même les plus grands groupes s'inscrivent dans cette démarche, prétextant qu'ils ne font que répondre à la demande du public. Un grand défi se pose donc aux jeunes musiciens haïtiens d'aujourd'hui : élever le konpadirèk au moins, au niveau où l'avaient hissé les Skah-Shah, Accolade, Magnum Band, System Band…

Il est certain que beaucoup de ces musiciens, avec tout le talent dont ils font preuve, sont en mesure de relever le défi. Mais peut-être aussi que le konpa aurait besoin de l'aide précieuse des musiciens haïtiens les plus savants, de l'élite musicale pour présenter d'autres formes plus épurées, adaptées aux petites formations : quatuor, duo, ou même de pièces en solo pour guitare ou piano. La collaboration entre les musiciens de konpadirèk, et ceux pratiquant la musique savante devrait pouvoir se réaliser sans aucun mal, si tout le monde s'accorde sur l'idée que « tous les musiciens forment une seule famille », ainsi que le chantait Antoine R Jean-Baptiste. Elle aurait la vertu exemplaire, de donner la preuve qu'une œuvre concertée entre les élites intellectuelles et les paysans illettrés est de l'ordre du possible.

Aujourd'hui, dans une société haïtienne aussi divisée, en dehors des réunions de familiales et des *konbit* (union temporaire pour exécuter une tâche), seuls les groupes de konpadirèk semblent maintenir encore le lien dans la population. Malgré leurs scissions incessantes, dues à la fois aux problèmes égotiques et financiers, ils représentent les seules collaborations réussies d'une dizaine d'Haïtiens travaillant tous ensemble à une même fin haïtienne, belle et agréable.

À côté de nos élans patriotiques, le pays a besoin d'un lieu où toutes ses composantes se retrouvent dans l'union et la fraternité. En les amenant à chanter ensemble, le konpadirèk complète le foyer culturel de la nation, en formant avec la langue haïtienne et le vaudou, les trois piliers soutenant la culture haïtienne, et participant à la résistance face à l'anéantissement du peuple.

Le konpadirèk n'est pas seulement un rythme populaire, il est un genre musical, un certain état d'esprit. C'est un élément d'épanouissement pour l'Haïtien. A travers lui, le peuple exprime ses libres et naturels sentiments. Cette musique joue aussi un rôle d'agent de socialisation, en ce sens qu'elle permet à certains jeunes de s'insérer dans la société et qu'elle favorise une mixité sociale. À travers la pratique du konpadirèk, des jeunes issus de milieux sociaux différents se rencontrent, et partagent la musique. Il les conduit à collaborer, à échanger leurs idées et leur savoir-faire, à partager leurs joies, leurs chagrins, leurs rêves, à développer des amitiés, des amours. Il représente un réel creuset culturel, un lieu de ralliement pour les Haïtiens d'ici et d'ailleurs.

Tout au long de ses soixante ans de production, le konpadirèk a véhiculé une énergie qui a aidé le peuple dans toutes les luttes qu'il a menées. Tous les groupes, le Gemini All Satrs, le Tabou Combo, le Bossa Combo, le Dixie Band, ont, à travers leurs chants, développé des thématiques qui, à défaut d'être purement politiques ou revendicatives, ont été sociales et dénonciatrices. L'auditoire populaire est souvent appelé à prendre conscience, à construire une réflexion, à garder un esprit critique sur la société. La musique est un instrument de réflexion, un auteur, un compositeur ne saurait être créatif, sans qu'il soit réceptif du message de son temps.

Il n'est écrit nulle part, mais le konpadirèk s'est donné comme devoir d'être authentique et sincère. Ce sont ces qualités qui le rendent touchant, crédible, très attachant, et qui expliquent qu'il soit encore joué et écouté partout dans le pays. Il sait dans toutes les circonstances rester près de la réalité du pays, des Haïtiens. Il parle directement à leurs cœurs, et agit dans leurs entrailles comme un bon bouillon. Il ne caricature pas comme le font le rap et la *mizik-rasin*, avec des textes faussement revendicatifs et satiriques.

Mais aucune reconnaissance n'est accordée au konpadirèk qui, comme tous les produits nationaux, est un laissé-pour-compte.

Même l'avènement de son cinquantième anniversaire a soulevé peu d'intérêts, tant auprès des pouvoirs publics haïtiens, que parmi les musiciens. Et les soixante ans de cette création ont été à peine marqués. Le président Martelly a pensé aux aides que sa nouvelle fonction lui aurait permis d'accorder à ses idoles, et non à l'organisation des structures musicales, et à l'autonomie des musiciens. Le soutien qu'attend la création artistique ne se résume pas au pécuniaire, il s'agit avant tout d'encadrement, d'organisation de volonté politique valorisant les œuvres artistiques et leur procurant le respect. Il a terminé son mandat en laissant un sentiment d'échec dans le cœur des professionnels de la musique haïtienne, car il n'a pas saisi la forte dimension musicale et populaire de son élection. Les constructions de gratte-ciel, de viaducs, de tronçons de route, et la taxe sur les transferts d'argent pour investir dans l'éducation sont d'honorables réalisations, mais avant même que l'histoire se charge de le juger, les professionnels de la musique lui reprocheront de n'avoir pas œuvré pour leur créer un statut. Un de ses premiers devoirs, une de ses nobles tâches aurait dû être la mise en place de structures adéquates pour l'évolution de l'industrie musicale, pour sortir les musiciens de l'état misérable, dans lequel les maintient depuis trop longtemps un système sans foi ni loi refusant d'accorder la moindre importance aux créateurs haïtiens. Pendant ses années de gouvernances, il aurait dû s'attacher à donner un statut viable et respectable aux musiciens et aux créateurs, afin que cesse leur spoliation.

AVANT QUE LE SILENCE
NOUS RÉDUISE À NÉANT

La musique konpadirèk en plus d'être un moyen d'expression et de divertissement constitue aussi le symbole d'une nouvelle union possible. Après occupation, dictature, catastrophes naturelles, le moral des Haïtiens est au plus bas, ils ont besoin de leur musique rassembleuse et galvanisante pour recoller les morceaux et dépasser leur condition. Comme toujours, ils cherchent et trouvent dans sa musique de la revivification, du renouvellement, de la réunification. En ces temps où tout divise la société et éloigne ses composantes les unes des autres, se rassembler dans une salle de spectacle, ou se brancher sur une même longueur d'onde écoutant du konpadirèk se révèle telle une revendication populaire, tel un acte d'union nationale.

Que le konpadirèk représente un besoin vital, comme l'air qu'il respire, l'Haïtien l'a cent fois montré. Son esprit recherche toujours ces flots de notes, et son corps demande chaque jour ce rythme qui l'anime. Si les musiciens sombrent, si la création musicale perd sa vitalité, il en souffrirait, comme pour la faim et la soif. La mésestime, le dédain, la condescendance que subissent les musiciens de la musique populaire entraineront donc la mort de l'Haïtien qui ne vit qu'à travers sa musique.

Pouvons-nous nous arroger le droit d'ignorer l'œuvre de la majorité parce qu'elle est d'origine modeste ? Devons-nous taire ou occulter plus de la moitié d'un siècle de notre culture, de notre histoire; plus de cinquante ans de production musicale du pays, sous prétexte que le genre musical konpadirèk est considéré comme mineur, et donc classé au plus bas sur une échelle de valeur à la graduation douteuse ? Devons-nous éliminer les musiciens du konpadirèk parce qu'ils n'ont pas reçu une formation académique ?

De même qu'il serait indécent de remettre en cause notre indépendance parce que les principaux chefs de la révolution manquaient de culture, nous ne pouvons pas avoir honte de cette musique, de ce rythme sous prétexte qu'il n'est pas académique. Il est insensé de vouloir réduire au silence près de quatre-vingts pour cent de la population.

L'inquiétude me submerge, car j'entends à peine se lever ici et là une ou deux voix timides. Peu s'insurge contre ces actes d'intimidation tendant à notre élimination, à notre anéantissement. Les gouvernements ne s'intéressent pas au problème et ne pensent aucune politique pour sa résolution, alors que les effets létaux des forfaits de la société débordent longtemps déjà le cercle musical. Les plus beaux produits haïtiens ont déjà perdu de leurs valeurs. Le pays et tout ce qui l'a construit, et tout ce qui représentait sa gloire, meurent lentement dans l'incompréhension et le mépris.

Il est certain que certains membres des instances dirigeantes et quelques autres esprits aient ressenti ce qui nous guette, si la société haïtienne persiste dans la dévalorisation systématique de nos arts populaires. Alors que j'ai commencé à rédiger ce livre, deux initiatives prises en un court laps de temps ont retenu l'attention des observateurs. Pour marquer le centième anniversaire de la naissance de Nemours, l'État haïtien sous l'instigation d'un député et par le biais du ministère de la Culture a déclaré la journée du vingt-six juillet de l'année deux mille dix-neuf : Journée nationale du konpadirèk et dressé pour l'occasion un buste de NJB à la place Sainte-Anne. En plus, il a été initié un concours national de danse de konpa, Le Konpa Dance Challenge, mettant en scène les jeunes venant de tout le pays. Il aurait dû se poursuivre dans une grande salle parisienne, si la pandémie covid-19 n'avait pas mis le monde à l'arrêt. Ce sont là des entreprises qu'il convient de saluer, car elles constituent des actes symboliques forts, bien qu'elles expriment aussi une grande urgence. Tout se passe comme si les dirigeants haïtiens prenaient soudainement conscience de la gravité de la situation, et qu'ils aient pensé que le temps était venu de donner ses lettres de noblesse à la grande production musicale contemporaine qu'est le konpadirèk.

Mais parallèlement à ces manifestations, le débat public portait sur la mort imminente de la musique konpa. Selon la conclusion d'un sondage qui aurait été réalisé à travers tous les départements du pays, et publié en deux mille dix-sept par Ayiti Mizik, le konpadirèk ne serait plus la musique majoritairement écoutée et pratiquée dans le pays !

Le peuple a-t-il suivi ses élites et devenu lui aussi sourd à sa musique ? S'il en est ainsi la nation entière, sur plusieurs générations, en subira des conséquences lourdes, peut-être même fatales. Car le combat sera gagné par ceux qui ne veulent ni des Haïtiens, ni de leurs arts : les affairistes sans vergogne, et les faux amis de la nation.

Face aux clichés macabres de l'île circulant partout dans les salons et les médias du monde se dresse une belle Haïti avec de vrais Haïtiens portant en leur cœur un amour incommensurable pour le pays. Et le beau rêve dansant dans leur tête peut se résumer en un slogan : « *Ayiti sou konpa* ». C'est-à-dire à une Haïti fringante s'inscrivant dans la marche du temps, et affichant une allure fière et une cadence fluide. Un pays qui retrouve son esprit pionnier, avant-gardiste, et aussi sa musique intérieure si belle et porteuse de tellement d'espoirs.

La nation haïtienne ne se construira que par ses dignes fils possédant de la grandeur d'âme et animés d'une véritable loyauté comme l'ont été les pères créateurs et que le montrent Nemours et tous les autres musiciens et créateurs qui ont combattu ou combattent encore jour et nuit pour que vive notre musique populaire.

Si par le passé, la musique vaudoue a servi de support aux noirs dans la lutte pour se libérer des chaines de l'esclavage ; de nos jours, c'est le konpadirèk qui porte le message du peuple Haïtien en quête d'une issue, à travers les divers obstacles naturels et surnaturels dressés sur sa route. Le konpa accompagne l'Haïtien partout et toujours. Ne laissons pas à l'histoire le soin de balayer la poussière sur ces œuvres musicales, non plus de créer des autels sur les tombes des musiciens. Soyons actifs, sortons leurs productions du dessous des décombres et des immondices, en les érigeant des estrades dignes. Ne restons pas en silence, car il nous ronge et nous tue. Rappelons aux jeunes musiciens haïtiens s'égarant dans les méandres de la mondialisation, ne trouvant point leur chemin dans la culture nationale, que le passé influe toujours sur le présent. Et donc que l'arbre konpadirèk coupé de ses racines ne peut que mourir. Il ne sera possible de le sauver que si Nemours Jean-Baptiste est réhabilité avec tout son génie et dans toute sa grandeur. Il est donc important que l'œuvre de NJB soit étudiée, analysée, comprise, car il symbolise une belle réussite haïtienne qu'il convient de valoriser pour les générations actuelles et futures.

Le peuple a besoin de NJB et de tous ces grands musiciens du konpadirèk représentant pour lui des figures titulaires capables de surmonter les obstacles et de briller telle une étoile pour lui montrer le chemin. Il aurait aimé que son élite soit en phase avec lui, et chante en chœur avec lui. Il a besoin qu'elle l'aide par sa réflexion supérieure et honnête à mieux comprendre les musiciens et leurs créations. Il désire qu'elles dialoguent et échangent avec lui, qu'elles lui enseignent, le convainquent, l'inspirent, le guident. Qu'elles ne se comportent pas en caste sociale anthropophage, mais qu'elles créent, inventent pour le pays et ses hommes, afin que la chanson d'Haïti ne vienne pas de vents d'ailleurs en ouragans dévastateurs de la flore créatrice haïtienne, mais qu'elle émane plutôt du doux souffle de ses filles et fils.

Des bruits subtiles ou infernaux tels que les grognements des privilégiés, les grondements de Goudou-goudou, les vacarmes des médias, les clameurs à l'intérieur comme à l'extérieur de ceux disant se battre pour la Cause haïtienne dans les réunions publiques comme dans les salons feutrés, tentent quelques fois de nous imposer le silence, et malheureusement trop souvent, nous nous laissons aller à croire que le silence puisse nous apporter la paix intérieure et extérieure, alors que notre fondement haïtien nous réclame nos complaintes et nos cantiques, nos chants de délivrance.

Que serait l'Haïtien si son souffle n'était plus une cadence, si son cœur ne battait plus le tempo ! Que serait l'Haïtien s'il perdait sa musique !

REMERCIEMENTS

Mes remerciements et ma gratitude :

A ma femme Mimi et ma sœur Maggie.

Mon ami et frère Joël Décat avec qui j'aurais dû partager ces moments
d'écriture, mais il a eu la pénible tâche de la première lecture.

Dominique Desmangles pour ses encouragements,

et aussi ses « *twipe* » fouettant ma paresse.

Gérard Augustin, Brigitte Grumel, Maguet Delva,

pour leurs conseils et leurs soutiens.

Et aussi à tous les musiciens de konpadirèk avec lesquels j'ai travaillé,

ou j'aurais aimé travailler. Ils n'œuvrent que par amour pour l'art.

Trop souvent ils ne demandent rien en retour, même pas de la reconnaissance.

GLOSSAIRE

Pour éviter des ambiguïtés et pour une meilleure compréhension, j'ai adopté une orthographe haïtienne pour quelques homonymes entre la langue haïtienne et les autres langues française, anglaise… Par exemple : « meringue » que j'ai orthographiée *« mereng »* ou « jazz man » qui donne *« djazmann »*. Bien que j'aie donné une définition dans le corps du texte, je pense que le glossaire ci-dessous est tout de même nécessaire, car il permet de mieux contextualiser et donc mieux comprendre leurs utilisations dans le quotidien haïtien et leurs sens dans le texte. J'ai pris aussi quelques libertés telles que *« zoukiste, haïtianophobe… »,* mais dont je suis sûr que les lecteurs n'éprouveront aucun mal à saisir leurs sens du premier coup.

Aloufa : Avare.

Anmwey : Cri. Interjection.

Ayisyano krazeus : Tendance conduisant à minimiser tout ce qui est haïtien.

Baka *:* Virtuose, génie.

Banbou : Arbre. Instrument à vent tiré des tiges de cet arbre.

Banda : Rythme et danse du folklore haïtien

Bizango : Groupe, confrérie dans le vaudou

Blan : Homme blanc. Étranger.

Blan peyi : Haïtien riche au teint clair, habitant la capitale.

Breakdance : Danse issue des ghettos américains.

Bredjenn : Jeunes haïtiens des années 2000 s'habillant à la mode américaine.

Chimè : Groupe ou catégorie sociale non formelle pro à la violence.

Combo : Groupe de musique de l'Amérique latine.

Dechoukaj : Mouvement social après la chute de la dictature voulant éradiquer l'idéologie duvaliériste. Déracinement.

Dènye okazyon : Dernier départ. Dernière chance.

Dessalinien : Qui se rapporte à Dessalines Père Libérateur de la nation.

Disk biznis : Disques réalisés par des musiciens réunis uniquement le temps des enregistrements.

Djazmann : Musicien de musique populaire, des *minidjaz*.

Domi, leve : Oisiveté. Perdre son temps.

Dous makos : Sucrerie très prisée par les Haïtiens.

Dyaspora : Classe sociale d'Haïtiens vivant ou ayant vécu à l'étranger.

Evennman : Nom donné au séisme qui a détruit le Palais de la ville du Cap.

Fanatik : Fan. Hooligan de la musique en Haïti.

Frape reponn : Mélodie à canon.

Gede : Divinité du panthéon vaudou, de la famille des morts.

GNB : Groupe ou catégorie social non formel nouvellement créé dans la société haïtienne.

Gong : Instrument de percussion composé d'une cloche à vache et d'un tom basse.

Gongis : Musicien jouant de cet instrument dans le konpadirèk.

Goudou goudou : Nom onomatopéique donné au tremblement de terre du 12 janvier 2010.

Gran manjè : Avare. Personne voulant tout accaparer.

Grann : Grand-mère.

Grimo, Grimèl : Homme, femme métis.

Gro dyôl : Lèvres épaisses, typées africaines.

Gwouyad ou Gouyad : Danse lascive qui consiste à faire des figures avec le bassin.

Haïtianiser : Donner le style haïtien.

Haïtianité : Bêtises dont l'haïtien en général est coutumier

Haïtianophobe : Qui n'aime pas l'haïtien.

Has been : Dépassé. Qui n'est plus à la mode.

Kalennda : Danse de la première période de la guerre de l'indépendance.

Kamoken : Terme employé sous la dictature pour désigner les opposants au régime.

Kantè : Model de voiture. Embarcation transportant des clandestins haïtiens. Boat people.

Kapitalis : Jeunes gens aisés habitant la capitale. Vieilli. Mot peu usité.

Kata : Jeu avec des baguettes sur le petit tambour dans la musique traditionnelle et repris dans le Konpadirèk.

Kata djoumba : Kata dans le rythme *Djoumba*

Kokorat : Larves. Catégorie sociale dont les membres vivent dans la misère et la crasse.

Kongo : Rythme et danse du folklore.

Kontredans : Musique et danse traditionnelle.

Lakou : Cour commune à plusieurs habitations

Laloz : Danse haïtienne qui se rapproche du *breakedance*.

Lavalas : Inondation monstre. Parti politique crée par Jean Bertrand Aristide.

Loa : Divinité du vaudou

Lot nivo : Niveau supérieur. Excptionnel.

Lyann panyen : Légumes très prisées dans les provinces en Haïti

Madyôk : Perles de couleur diverse.

Makanda : Esprit personnage maléfique.

Malere : Pauvre. Démuni.

Manman tanbou : Très grand tambour. Considéré dans la mythologie comme la mère de tous les tambours

Manoumba : Basse.

Mapou : Kapokier. Grand arbre de la flore haïtienne

Mayi : Rythme et danse. Nourriture maïs.

Mereng : Rythme, Musique haïtienne séculaire.

Merilan : Mangues flétries. Employé aussi pour désigner tous produits alimentaires près d'être périmés

Minidjaz : Courant du konpadirèk ayant pris naissance au milieu des années soixante. Groupe pratiquant ce style musical.

Mizik-rasin : Style de musique. Forme moderne des rythmes vaudous.

Musicienoïde : Musicien dépendant de l'ordinateur, pour qui un logiciel de musique est indispensable.

Must : Ce qu'il faut pour être au top

Nan govi : D'outre tombe. Système de communication entre les vivants et les morts.

Nan-Ginen : Lieu mythique. Paradis dans le vaudou.

Nèg : Homme, plutôt noir

Nèg fèy, môn, kongo, andeyô : Personne originaire des provinces ou n'habitant pas la capitale. Personne non civilisée. Toujours péjoratif.

Nèg sôt : Personne illettrée. Bête.

Ogöun : Esprit, divinité du vaudou

Öungan : Prêtre du vaudou

Ounouwounou : Messe basse

Öunsikanzo : Homme, femme, officiant dans le vaudou

Poto mitan : Colonne centrale dans le temple.

Pyram : Personnage symbolisant le peuple dans la pièce *Pèlin-tèt* de Franckétienne,

Quantize : Dans la programmation musicale, processus informatique qui consiste à caler les notes sur le temps.

Rabôday : Rythme de la musique traditionnelle. Groupe jouant ce rythme.

Rapbôday : Courant musical inventé par les jeunes dj haïtiens qui mélangent le rap et le rabôday

Rara : Musique, rythme du folklore haïtien. Groupe qui pratique ce style.

Rochan : Musique de salutation

Sanmba : Auteur, compositeur de musique traditionnelle

Shango : Rythme dans le vaudou. Société secrète.

Siwèl : Mielleux, acidulé, langoureux.

Siwèl, grenn siwèl : Style de jeu un peu basique employant surtout des notes aigues.

Taptap : Minibus assurant le transport entre le centre et les banlieues de Port-au-Prince

Teke : Mouvement consistant à lancer une bille avec les doigts, comme pour une chiquenaude. Effleurer.

Tèt bèf : SUV ainsi nommée à cause de l'écusson de la marque qui rappelle les cornes du taureau.

Tèt grenn : Cheveux bouclés, typiques des noirs

Tèt Kale : Crâne rasé.

Ti rouj : Métis du peuple.

Tire pwen, chante pwen : Parabole. Chanson contenant un message en parabole.

Tonton macoute : Milice sous la dictature *duvalériste*. Aussi appelée VSN.

Trese riban : Danse. Chorégraphie.

Tritri : Minuscules crevettes péchées en grand nombre au tamis.

Twipe : Bruit de la bouche exprimant le mépris, l'indifférence ou le découragement.

Twoubadou : Style de *mereng*. Groupe ou personne jouant ce style de musique.

Vakabon bèlè : Voyou du Bel-Air.

Vaksin : Instrument traditionnel.

Vodouyizan : Adeptes du vaudou

Wale : T'es parti.

Zenglendo : Groupe de terreur, de gangsters qui agissaient la nuit.

Zèpôl : Rythme et danse. Epaules, partie du corps reliant le bras au tronc.

Zoukeurs : Fan de musique zouk, de fêtes.

Zoukistes : Musiciens haïtiens imitant et glorifiant le style musical du groupe Kassav

RÉFÉRENCES

Albert NEMMI : *L'homme dominé*/Nrf Gallimard
André GAUTHIER : La musique américaine/PUF
Claude DAUPHIN : La méringue entre l'oralité et l'écriture : histoire d'un genre musical haïtien/ Revue de musique des universités canadiennes. No 1
Randall ROBINSON : Haïti L'insupportable souffrance/ Ed Alphée
Claudine MICHEL : Aspects éducatifs du vaudou haïtiens
Ed Rainer SAINVILL : Tambours frappés, Haïtiens campés
Eric R. RICHEMOND : Présence de la musique haïtienne dans la radio locale haïtienne Enjeux et perspectives/Université de Montréal
E. Constantin DUMERVE : Histoire de la musique en Haïti/Imprimerie des Antilles
Fekyè Vilsèn/Mod Etelou : *Diksyonè kreyol* (99935-36-81-4)
Fraketienne : Rapp jazz Journal d'un paria (99-0-01).
Frantz CASSEUS : *Notre Mérengue se meurt…*/ Haïti journal
Gage AVERILL : A day for hunter, a day for priey - Popular Music and Power in Haiti/ The University of Chicago Press
G. AVERILL et L WILCKEN : The garland Encyclopedia of the world vol 2/ Ed Dale A
Georges CORVINGTON : Port-au-Prince au cours des ans…
Gildas LEFEUVRE : Le producteur de disques/ Dixit
Gold Smith DORVAL : *La musique est ma vie*/ CIDIHCA
Guerdy Jacques Préval : La musique populaire haïtienne de l'ère coloniale à nos jours/ Histoires Nouvelles
Helio O Diaz, Olivier Cossard : *Guide des musiques de Cuba*/1001 nuits
Isabelle LEYMARIE : *Musiques Caraïbes*/ Actes Sud
Jacques SIRON : Dictionnaire des mots de la musique/Outre Mesure
Jean S. JEAN-PIERRE : 30 ans de musique haïenne, les moments de turbulence
Joseph AUGUSTIN : *Le vaudou liberateur*/ Ed Tanboula
Laënnec HURBON : Comprendre Haïti. Essai sur l'État, la nation, la culture/ Khartala

Marc MATHELIER : Essai bibliographique sur la vie de Frantz Casséus

M. AMER et J. COULANGES : *Mini jazz Sens et significations/* Revue Lakansyèl

Olsen/Daniel E SHEEHY : *Dictionary of music and musicians/*Ed Robert Grenier

Ralph BONCY : La chanson d'Haïti TOME I, 1965-1985/CIDICHA

Robert GRENIER : The new grove Dictionary of Music and Musicians

Roger GAILLARD : Premier écrasement du cacoïsme/ Ed. Le Natal

Stéphane HESSEL : *Indignez-vous/* Ed Indigène

Thony Louis-Charles : Le Compas direct : La Vraie musique entraînante haïtienne de tous les temps

Divers journaux et magazines : Haïti Caraïbes Express – Antilles - Haïti Observateur Tambour battant - Haïti Culture - Boyo Magazine – Kompamagazine.

Discographie :

Alan Cave : *Se pa pou dat* /Nouvel jeneration/Pastel

Althiery Dorival Ensemble Le Progrès : *Ti Ca/*MRSD 1072

Ansy Derose : *Roses noires/*Marc 294 - *Toi le musicien/*YA No1

Carlos Santana : *Foofoo/*Artista 74321959382

Coupe Cloué : *Live/*MMI 1035

Dixie Band : *Maloiunes/*MRSD 1146

DP Express : *David/*SUP 111 vol 5

Théâtre National d'Haïti : *Pèlin tèt/*AMCD 9003

Frères Dejean : *Malere/*GR 0093

Amos Coulanges : *Domi leve/*Tamtam records 1002

Gérald Merceron : *Domi leve/*GM records 002

GM Connection : *You and I/*MRSD 1105

Haïti Twoubadou : *Haïti twoubadou/*SOCD 002 et 004

Les Ambassadeurs d'Haiti : *Bobine/*Marc 229

Les Charmeurs du Cap-Haitien : *Benita/*Marc 252

Les Difficiles de Pétion-ville : *Espoir/Composition* X/Cine Records 12.178

Les Sept Vedettes : *Deux chances/*Musiques des Antilles 4689

Malcom Arnold : B. O. du film « Le pont de la Rivère kwai »/Philips 429.382
Master J : Tan'n pou tan'n/BP 90001
Maurice Sixto : *J'ai vengé ma race*/ROTEL 3372 VOLII
Michel Martelly Sweet Micky : *Amba rad la*/ MJM001-003 JR30-31
Mizik Mizik : *Blakawout*/AMCD 9080
Nemour Jean Baptiste : *Mouvement nul*/Marc 208
Richie : *Happy fifty*/Lion
Rodrigue Milien et Toto Nécessité : *Nécessité*/HR 11
Rutshelle Guillaume : *W ale*/
Skah Shah : *Yaveh*/Rotel Records 3380
Tabou Combo : *Et alors*/CR 7995 - *Mabouya*/MRSD 1070
Ti Paris : *Lina*/Haïti Records 004
Trio Select : Plein caille/Marc 215
Zèklè : *Pil ou fas*/ZR 704
Zin : *Ma rose* /ZLP 131

Sites consultés :
http://www.loophaiti.com/fr/node/296340
http://www.lenational.org/
http://musique.haiti.free.fr/
https://lenouvelliste.com/ticketmag

TABLE DES MATIERES

www.dexed.fr

sergedescard@dexed.fr

compalogie@gmail.com